말더듬이 왕과
언어치료사

일러두기
1. 맞춤법과 띄어쓰기는 〈표준국어대사전〉을 따랐습니다.
2. 인명과 지명은 국립국어원의 '외래어 표기 용례 자료집'을 참고하여 표기했습니다.
3. 본문에 간략하게 표기한 인명은 '책 속의 작은 인물 사전'에 자세히 실었습니다.

세계사 속 두 사람 이야기 서양편

말더듬이 왕과 언어 치료사

아작 글 · 이영림 그림

책과함께어린이

✢ 머리말

누군가에게 '좋은 사람'이 되어 주세요

여름날 시골 밭에 가면 여러 가지 채소들을 볼 수 있어요. 고소하고 담백한 감자, 입안이 얼얼해지도록 매운 고추, 고기와 쌈을 싸서 먹으면 맛 좋은 상추, 음식 맛을 시원하게 만드는 파……. 쓰임새가 다양한 이 채소들은 쨍쨍 내리쬐는 햇빛을 받으며 무럭무럭 자라지요.

그런데 채소들 중에는 아주 특별한 관계를 가진 것이 있어요. 예를 들어 고추와 파는 맛이나 모양이 전혀 다른 채소이지만 함께 있으면 더욱 잘 자란답니다. 고추 곁에 파를 심으면 이파리나 열매를 갉아 먹는 해충을 쫓아내 주거든요. 서로 영양분을 나누면서도 상대가 잘 자라도록 돕는 것이지요.

사람 사이에도 이런 관계가 있어요. 각각 다른 성격과 장점을 가지고 있지만 함께 어울려 서로에게 도움을 주는 사람들 말이에요. 특히 우리에게 잘 알려진 역사 인물들 곁에는 채소밭의 고추와 파처럼 도움을 준 사람들이 있었어요. 만약 그들이 없었다면 아무리 뛰어난 인물이라도 그저 평범하게 살다 세상을 떠났을지 모르지요. 그들이 있었기에 역사 속 인물들이 여름날의 고추처럼 쑥쑥 자라 인류 역사에 커다란 업적을 남길 수 있었답니다.

하지만 그렇다고 그들을 그림자로만 생각하지는 마세요. 식물의 성장을 돕는 거름처

    럼 희생만 한 사람들이 아니니까요. 그들은 고추를 도우면서도 고유의 향을 잃지 않고 자라는 파처럼 자신의 삶도 열심히 살았어요. 그래서 나중에는 위인 못지않은 업적을 남기기도 했지요. 서로에게 좋은 영향을 주고받은 '두 사람' 덕분에 인류는 더욱 풍요로운 세상이 될 수 있었어요.

    이제 책장을 넘기면 여러분은 서양의 역사에서 커다란 발자취를 남긴 인물들을 만나게 될 거예요. 물론 그들을 도왔던 사람들도요. 천재 화가인 고흐와 그의 동생 테오, 스페인의 통일 여왕 이사벨과 그의 남편 페르난도, 과학자 갈릴레이와 그의 딸 마리아, 인류의 스승 소크라테스와 그의 제자 플라톤, 히틀러와 맞서 싸운 남매 한스와 조피, 사상가 마르크스와 그의 친구 엥겔스 등등. 과연 이들은 서로 어떤 영향을 주고받으며 빛나는 업적을 만들어 냈을까요?

    역사 속 인물들의 이야기를 쓰는 동안 우리 아줌마 작가들에게는 작은 바람이 생겨났어요. 여러분이 이 책을 읽는 동안 자기와 자기 주변의 사람들을 돌아봤으면 하는 바람이요. 그들과 여러분은 지금 어떤 관계를 맺고 있는지 곰곰 생각해 보는 거예요. 물론 아무리 생각해 봐도 내 주변에는 좋은 사람이 별로 없다며 투덜거리게 될 수도 있어요. 그럴 때는 자신이 먼저 주변의 사람들에게 '좋은 사람'이 되어 주세요. 누군가에게 좋은 사람이 되기 위해 노력하다 보면 분명, 여러분은 훌륭한 사람으로 자라날 테니까요.

2014년 아줌마 작가들의 모임 '아작'

차례

화가를 꿈꾼 형과 형을 응원한 동생
빈센트 반 고흐와 테오 반 고흐　　8

함께 세계 유산을 빚어낸 건축가와 후원자
가우디와 구엘　　22

독재자 히틀러와 나치 정권의 부당함에 맞서 싸운 남매
한스 숄과 조피 숄　　36

인류를 위한 과학자 정신을 실천한 어머니와 딸
마리 퀴리와 이렌 퀴리　　52

신념을 지킨 스승과 철학을 꽃피운 제자
소크라테스와 플라톤　　66

서로 다른 시선으로 문학의 길을 함께한 친구
괴테와 실러　　80

국민을 사랑한 말더듬이 왕과 왕의 언어 치료사
조지 6세와 라이오넬 로그   94

서로 다른 위치에서 함께 새로운 세상을 꿈꾼 친구
마르크스와 엥겔스   108

동등한 왕으로 서로 존중하고 사랑한 부부
이사벨 1세와 페르난도 2세   122

편지를 주고받으며 서로를 보살피고 의지한 아버지와 딸
갈릴레오 갈릴레이와 마리아 갈릴레이   136

자연 속에서 조화로운 삶을 일군 부부
스콧 니어링과 헬렌 니어링   150

티격태격 싸우며 단단한 우정을 쌓은 친구
푸치니와 토스카니니   166

책 속의 작은 인물 사전   180

화가를 꿈꾼 형과 형을 응원한 동생

빈센트 반 고흐와

테오 반 고흐

혹시 노란 해바라기 그림으로 유명한 화가를 알고 있니? 들어 본 것 같다고? 그래, 맞아. 고흐라는 사람이 그 주인공이야. 고흐의 정식 이름은 '빈센트 반 고흐'. 지금으로부터 160여 년 전, 네덜란드에서 태어났어.

고흐에게는 동생이 다섯 명 있었는데 그중에서도 네 살 아래의 첫째 동생인 테오와 사이가 가장 좋았단다. 둘은 어릴 때부터 일기로 대화를 나누었다고 해. 이후에도 고흐가 테오에게 보낸 편지가 무려 668통에 달한다니, 정말 놀랍지?

고흐는 테오와 수많은 편지를 주고받으며 힘든 때에도 화가의 길을 계속 나아갈 수 있었어. 하지만 처음부터 고흐가 화가의 길을 선택했던 건 아니야.

"고흐야, 헤이그에 있는 화랑에서 일해 볼래?"

고흐가 열일곱 살이 되었을 때 아버지는 고흐에게 이렇게 권했어. 고흐의 집안은 대대로 성직자와 화상▪을 해 왔거든. 그 영향으로 고흐는 숙부의 화랑에서 일하기 시작했어. 3년 뒤에는 테오도 화랑에서 일하게 되었지.

화랑에서 일하던 고흐는 머물고 있던 집주인의 딸을 좋아하게 되었단다. 고민 끝에 어렵사리 사랑을 고백했지만 그만 거절당하고 말았지. 큰 충격을 받은 고흐는 매일 성경책을 읽고 기도하면서 마음을 달랬어. 그러다 점점 성직자가 되고 싶다는 생각을 하게 되었단다. 평소 신앙심도 돈독했기 때문에 가난한 사람들을 위해 봉사하는 삶을 살기를 바란 거야.

하지만 성직자가 되는 길도 좌절된 고흐는 결국 그림을 그리는 화가가 되기로 마음을 먹는단다. 성직자가 되고 싶은 마음 못지않게 그림을 그리고 싶은 마음도 컸거든. 그때가 고흐의 나이 스물일곱. 뒤늦게 화가의 길을 걷게 된 거야.

혼자 그림 공부를 시작한 고흐는 테오에게 자주 편지를 보냈어.

열심히 노력하다가 갑자기 게을러지고, 잘 참다가 마음이 매

▪ **화상** 그림을 사고파는 직업.

우 급해진다. 그런가 하면 희망에 부풀었다가 다시 절망에 빠지는 일을 되풀이하고 있어. 그래도 계속해서 노력하면 수채화를 더 잘 이해할 수 있겠지. 그러니 계속해서 그림을 그려야겠다.

사실 고흐는 테오 이외의 가족들과는 사이가 별로 좋지 않았어. 고집스러우면서도 작은 충고에도 쉽게 상처받는 성격 때문에 부딪치는 일이 많았거든. 동생 테오는 이런 형을 가장 잘 이해해 주는 유일한 가족이었지. 테오는 형이 화가의 길을 갈 수 있도록 늘 응원해 주었어. 용기와 희망은 물론이고, 가난했던 형에게 생활비와 그림 그리는 데 필요한 돈도 주었단다. 고흐는 고마워했을 뿐만 아니라 많이 미안해하기도 했어.

너의 한결같은 도움에 내가 얼마나 고마움과 미안함을 느끼는지 모른다. 요즘 들어 네 생각이 많이 든다. 그래서 내 그림이 더욱 활기 있고 강렬해져 너에게 빨리 기쁨을 주고 싶다.

그 마음에 보답하는 길은 더 열심히 그림을 그리는 것이라 생각하고 고흐는 대부분의 시간을 그림 그리는 데 몰두했단다. 고흐는 본격적으로 화상이 되어 일하기 시작한 테오에게 열심히 그림을 그려 보

형과 동생

빈센트 반 고흐와 테오 반 고흐

냈는데, 그림으로라도 은혜를 갚을 수 있기를 바랐어. 테오는 이런 형을 도리어 걱정했지.

> 형의 편지를 읽어 보니 건강이 썩 좋지 않은 데다 고민을 매우 깊이 하는 것 같았어. 형은 내게 돈을 빚졌다면서 갚아야겠다고 했는데 그런 말은 하지 말아 줘. 나는 그저 형이 아무런 걱정 없이 지내기를 바랄 뿐이야.

화가가 되기로 결심한 지 6년째 되던 1886년 봄, 고흐는 테오가 있는 파리로 갔어. 도시의 풍경을 그려서 돈을 벌고 싶었기 때문이야. 사람들은 파리를 미술의 도시, 예술의 도시라고 불렀어. 홀로 그림을 그렸던 고흐에게는 파리의 모든 것들이 무척 신선하게 느껴졌단다.

당시 파리에서는 인상주의 그림이 가장 인기를 끌고 있었어. 인상주의란 빛에 따라 변하는 색의 느낌을 살려 표현하는 기법을 뜻하는데, 밝고 화려한 색깔들이 생생하게 살아 있는 게 특징이야.

인상주의 화가들과 어울리면서 고흐의 그림도 밝고 선명해졌어. 이전에 그리던 그림은 대체로 어둡고 단조로웠거든. 고흐는 환한 녹색, 밝은 청색, 보라색, 오렌지색, 찬란한 빨간색 등을 사용하기 시작했어. 주로 꽃을 그렸는데 색을 자유자재로 다루기 위한 노력이었지. 이때 배운 인상주의 기법 덕분에 고흐는 점차 자신만의 독특한 색의 힘을 가지게 됐고, 훗날 '태양의 화가'라고 불릴 정도로 그 실력을 한껏 발휘할 수 있었어.

파리에 온 지 1년 반이 지나자, 고흐는 도시 생활에 지치고 힘들어졌어. 그래서 조용한 시골 마을인 프랑스 남부의 아를로 떠났단다. 고흐는 아를을 무척 좋아했어. 테오에게 "예전에는 이런 행운을 누려 본 적이 없다. 하늘은 믿을 수 없을 만큼 파랗고 태양은 황금빛으로 반짝인다."라고 했을 정도이니 얼마나 좋아했는지 짐작할 수 있겠지?

아를에서 고흐는 밝고 강렬한 색채를 살리면서 자신만의 그림 세

왼쪽은 고흐가 파리로 간 뒤 그린 카네이션이야. 오른쪽은 고흐가 파리를 떠나 아를에서 그린 해바라기란다. 인상주의에 영향을 받으면서 고흐의 그림도 점점 달라졌지.

계를 만들어 갔어. 지금은 세계적으로 유명해진 〈해바라기〉와 〈별이 빛나는 밤〉, 〈아를 포럼에 있는 밤의 카페테라스〉는 바로 이때 그린 거야.

그러는 한편 고흐는 가난으로 고통받는 화가들과 함께 생활하면서 그림을 그리고 싶어 했어. 홀로 시골 마을에서 지내며 느끼는 외로움도 달래고 말이야. 고흐는 자신이 사는 '노란 집'에 화가들을 초대하고 싶었어. 화가 고갱이 아를에서 함께 살게 된 것도 이런 바람 때문이었단다.

고갱이 고흐와 함께 살게 되기까지는 테오의 도움이 컸어. 테오는 파리에서 유명한 화상이 되어 여러 인상주의 화가들을 잘 알고 있었거든. 형인 고흐뿐만 아니라 이름이 아직 알려지지 않은 신인 인상주의 화가들의 그림을 사들여 사람들에게 소개하고, 판매하는 일도 했

 폴 고갱

1848년에 파리에서 태어난 고갱은 은행원으로 일하면서 틈틈이 그림을 그리다가 서른다섯이 되어서야 본격적으로 화가의 길을 걸었어. 인상주의에 영향을 받았지만 그에 만족하지 않고 자신만의 특별한 그림 세계를 만들어 갔지. 대표작으로 〈타히티의 여인들〉, 〈황색의 그리스도〉 등이 있는데, 색감이 강렬하면서도 생동감 넘치는 것으로 유명해. 고흐, 세잔과 함께 20세기 현대 미술에 큰 영향을 미친 화가로 손꼽힌단다.

어. 테오는 형이 고갱과 함께 그림을 그리고 싶어 하는 것을 알고는 고갱에게 편지를 써서 아를에서 함께 지낼 수 있도록 해 주었어. 고흐가 포기하지 않고 그림을 그릴 수 있도록 도와주고 격려해 줄 수 있었던 것은 형을 사랑하고 아끼는 마음 못지않게 화상이라는 직업의 영향도 컸을 거야.

고흐와 고갱은 노란 집에서 사이좋게 그림을 그렸어. 하지만 둘은 성격과 개성이 너무나 달라 곧 티격태격 다투기 시작했지. 살얼음판을 걷는 듯 위태로웠던 두 사람은 결국 뜻하지 않은 사건으로 헤어지게 돼. 고갱과 심하게 다툰 고흐가 면도칼로 자신의 귓불을 잘라 버리고 말았거든.

고흐가 이렇게 극단적인 행동을 한 것은 고갱과의 다툼 외에도 여러 가지 고민이 많았기 때문이야. 그 무렵 고흐는 자신의 그림이 잘 팔리지 않는 데다 늘 동생에게 신세만 지는 현실에 무척 괴로워했거든. 심지어 발작을 일으킬 때도 있었어. 결국 고갱은 아를을 떠났고 고흐는 2주 동안 병원에 입원하게 되었단다.

고갱의 연락을 받은 테오는 병원에 입원한 형을 찾아왔어. 테오는 형의 건강을 걱정하며 용기와 희망을 잃지 않도록 격려했지. 고흐는 자신에게 늘 헌신적인 테오를 보며 고마움과 미안함에 눈물을 흘렸고, 이런 마음을 편지에 담아 보냈어.

> 나를 보살피느라 너는 늘 형편이 어려웠겠지. 돈은 반드시
> 갚겠다. 안 되면 내 영혼이라도 주마.

하지만 안타깝게도 고흐의 상태는 나아지지 않았어. 발작은 계속되었고 발작이 일어날 때마다 무슨 말을 했는지, 어떤 행동을 했는지 전혀 기억할 수 없을 정도였다고 해. 결국 고흐는 프로방스의 생 레미에 있는 정신병원에 스스로 들어가 1년 동안 치료를 받았어. 그래도 그림 그리는 것을 멈추지는 않았지.

병원에 들어간 지 8개월쯤 되었을 때 고흐는 테오로부터 한 통의 편지를 받았단다. 편지에는 이런 내용이 써 있었어.

> 형의 작품을 다른 화가들의 그림과 함께 전시했어. 그런데 형
> 의 작품에 대한 평이 잡지에 실렸더라고. 알베르 오리에라는
> 평론가의 글이니, 꼭 한번 읽어 봐.

병원에 입원해 있는 동안 한 미술 전시회에 고흐의 그림 여섯 점이 전시되었는데, 유명 잡지에 고흐를 높이 평가하는 글이 실린 거야. 그뿐이 아니란다. 전시되었던 작품 중 〈붉은 포도밭〉이 400프랑에 팔리기도 했어. 이것은 고흐가 살아 있는 동안 유일하게 팔린 유화▪ 작품이란다.

▪ **유화** 기름으로 으깨거나 반죽한 물감을 사용하여 그리는 그림.

고흐가 조카에게 선물한 아몬드 나무 그림이야. 아몬드 나무는 겨울이 채 끝나기 전에 가장 먼저 꽃을 피워 봄을 알린다고 해. 고흐도 조카가 강직하고 용감하기를 바랐던 게 아닐까?

전시회가 열리고 얼마 지나지 않아 테오의 부인은 아들을 낳았어. 테오는 형의 이름을 따서 '빈센트 윌렘 반 고흐'라는 이름을 붙였단다. 자신의 아들이 형 고흐처럼 강직하고 용감하기를 바라는 마음에서 지은 것이라는구나. 고흐는 예쁜 조카가 태어난 것을 축하하는 마음으로 아몬드 나무를 그려서 선물했어.

몸이 많이 좋아지자 고흐는 병원에서 퇴원해 오베르라는 마을로 갔어. 이곳에 머무는 동안 70점이 넘는 그림을 그렸는데, 모두 걸작으로 손꼽히는 것들이야. 대표적인 작품이 〈오베르 성당〉과 〈까마귀가 있는 밀밭〉이야. 격렬하게 꿈틀대는 붓질과 정감이 어린 색채가 개성 넘치고 아름답다는 평가를 받고 있지.

그런데 테오에게 그만 안 좋은 일이 생기고 말았어. 다니던 직장에서 화랑 주인과 갈등이 생겨 일을 그만두게 되었거든. 어려움에 처한 동생을 보며 고흐는 괴로웠어. 돈 때문에 동생에게 계속 부담을 주는 것만 같았고, 그림을 아무리 열심히 그려도 제대로 인정받지 못하는 현실이 더욱 힘들게 느껴졌을 거야.

탕!

1890년 7월 오베르의 한 밀밭에서 한 발의 총성이 울렸어. 고흐 스스로 가슴에 총을 쏜 거야. 고흐는 소식을 듣고 달려온 동생의 품에 안긴 채 숨을 거두었어.

형의 죽음이 너무 슬펐던 탓일까? 그로부터 불과 6개월 후 테오도 세상을 떠났단다. 테오는 눈을 감기 전에 어머니에게 편지를 보냈는데, 형을 잃은 슬픈 마음이 그대로 녹아 있어.

> 형의 죽음으로 인해 제가 얼마나 슬퍼하고 있는지 상상하지 못하실 겁니다. 이 슬픔은 제가 평생 짐으로 짊어져야 합니다. …어머니, 형은 제게 가장 소중한 존재였습니다.

오베르의 공동묘지에 있는 반 고흐 형제의 무덤이야. 화가의 길을 걷는 형을 끝까지 응원한 동생과 그런 동생에게 영혼이라도 주어서 갚겠다는 형이 나란히 묻혀 있어. 동생 테오가 없었다면 고흐의 명작들은 이 세상에 나오지 못했을지도 모르겠구나.

    고흐는 세상을 떠난 뒤에서야 비로소 사람들에게 인정받았어. 오늘날에도 고흐에게 바치는 노래가 만들어지고, 네덜란드에 있는 반 고흐 미술관에는 그의 작품을 사랑하는 사람들의 발길이 끊이지 않고 있지. 별이 빛나는 밤하늘을 볼 때마다 두 형제가 행복해 하는 모습이 보이는 것만 같구나.

함께 세계 유산을 빚어낸 건축가와 후원자

가우디와 구엘

Antoni Gaudí i
Eusebi

　스페인의 중심 도시 가운데 하나인 바르셀로나에는 아름답기로 유명한 거리가 있어. 이 거리에는 세계 어느 곳에서도 찾아볼 수 없는 모양의 건축물이 늘어서 있는데, 세계 유산으로 지정되어 보호되고 있지. 흔히 세계 유산이라고 하면, 몇 백 년 혹은 몇 천 년 전의 문화유산으로 생각하지만 이곳의 건축물은 놀랍게도 20세기를 살았던 건축가가 만들었어. 그의 이름은 바로 안토니 가우디. 스페인이 낳은 최고의 건축가로 불리는 사람이란다.

　이런 가우디도 어린 시절에는 특별할 것 없는 평범한 소년이었어. 다만 몸이 매우 약했기 때문에 주로 집 주변의 들이나 강가에 홀로 나가 꽃과 나무, 새를 보면서 시간을 보내야 했지. 이 때문일까? 가우디는 훗날 자연을 닮은 건물을 짓기 위해 평생을 노력하게 돼. '자연을 빚은 건축가'는 가우디의 또 다른 이름이기도 하단다.

가우디의 집안은 대대로 대장장이어서 가우디는 아버지가 일하는 대장간도 찾아가곤 했어. 아버지가 차갑고 단단한 쇠를 빨갛게 달군 뒤 탕탕 두들겨 솜씨 좋게 갖가지 모양으로 만드는 모습은 무척 신기했지. 그래서 가우디는 아버지에게 이렇게 말했어.

"아버지, 저도 대장간에서 일하고 싶어요."

하지만 아버지는 가우디가 대장간에서 일하는 것을 별로 좋아하지 않았어. 자신의 뒤를 이어 대장장이가 되기보다는 큰 도시로 나가 공부를 한 뒤 좀 더 번듯한 직업을 갖기 바랐거든. 그럼에도 가우디가 고집을 꺾지 않았기 때문에 한동안 아버지를 도우며 대장간에서 일하게 되었단다. 이때 가우디는 아버지로부터 불을 어떻게 다뤄야 하는지, 쇠는 어떤 방법으로 담금질을 해야 단단해지는지 등을 배웠어.

대장간 일을 돕던 가우디는 시간이 날 때면 주변의

유적지를 찾아다녔어. 가우디가 태어나 자란 스페인 북동부의 카탈루냐 지방은 지금은 스페인에 속해 있지만 옛날에는 어엿한 독립 국가였단다. 기름진 평야와 울창한 산, 푸른 바다와 깨끗한 강을 두루 갖춘 곳이었기 때문에 주변 나라에서 너도나도 탐을 냈지. 결국 강대국인 스페인의 일부가 되었지만 카탈루냐 사람들은 자기 고장에 대한 자부심이 매우 커서 고유의 생활문화를 잘 간직해 왔어.

가우디는 카탈루냐 유적지의 건축물에 남다른 관심을 보였어. 외부의 침략과 오랜 세월의 풍파로 훼손된 것이 많았지만, 오히려 무너진 건축물에서 매력을 느꼈던 거야. 건축물은 단순한 돌덩어리가 아니라 사람들의 기쁨과 슬픔, 한 나라의 번영과 고난의 역사를 고스란히 간직하고 있었으니까. 이 경험을 통해 가우디는 건축에 대한 꿈을 키우게 되었고, 몇 해 뒤에 아버지의 바람대로 고향을 떠나 대도시 바르셀로나에서 건축 공부를 시작하게 된단다.

가우디는 친구 하나 없는 도시에서 어렵게 공부를 시작했어. 유별난 성격 때문에 부딪치는 일도 있었단다. 재능은 뛰어났지만 고집이 매우 세고 지나치게 솔직해 사람들과 마찰을 빚기 일쑤였거든.

한번은 가우디가 다녔던 건축 학교의 교장이 가우디의 건방진 행동을 문제 삼아 졸업 시험에서 낙제를 주려고 했어. 모난 성격 때문에 위기에 처한 거야. 다행히 가우디의 재능을 아낀 한 스승의 도움으로 간

신히 졸업 시험을 통과했지만 자칫 수년간의 고생이 물거품이 될 뻔 했단다.

졸업을 인정하기로 했지만 여전히 가우디가 마뜩잖았던 교장은 졸업식장에서 "지금 이 졸업장을 천재에게 주는 것인지 아니면 바보에게 주는 것인지 모르겠네."라고 비꼬기도 했어. 가우디도 그에 지지 않고 "진정한 건축가가 누구인지는 이제부터 아시게 될 겁니다."라고 응수했지.

가우디는 이렇게 건축 학교를 졸업하게 되었어. 이때가 1878년, 가우디가 스물여섯이 되던 해였지.

그렇게 어렵사리 공부를 마치고 사회에 첫발을 내딛게 되었지만 가우디는 여전히 불안했어. 바르셀로나는 물론 스페인 곳곳에는 가우디만큼 우수한 학생들이 많았거든. 아버지의 바람대로 번듯한 직업을 가질 수 있을지조차 장담할 수 없었지. 바로 이 무렵, 가우디는 그의 인생을 바꾸어 줄 중요한 사람을 만나게 되었단다. 벽돌 제조업을 비롯해 여러 사업으로 큰돈을 번 에우세비 구엘 바시갈루피라는 사람이었어.

구엘은 프랑스 파리에서 열린 세계 박람회*장을 돌아보고 있었어. 전시물을 살피며 천천히 걸음을 옮기던 구엘의 눈에 한 진열장이 들어왔지.

"오! 이 진열장은 참 아름답군. 나무와 유리, 금속이 매우 독특하게

■ **세계 박람회** 1851년 영국 런던에서 처음 시작된 무역 전람회로 세계 각국의 문화와 상품 등을 홍보하는 자리.

장식되었는걸? 이런 진열장은 어디서도 본 적이 없어."

전시품보다 진열장에 관심을 보인 구엘은 즉시 직원을 불러 누가 진열장을 만들었는지 물어보았어.

"스페인 건축가인 안토니 가우디의 작품입니다."

같은 스페인 사람이라는 말에 더욱 호기심이 생긴 구엘은 곧 가우디를 찾아갔어. 당시 가우디는 에두아르도 푼티의 작업장에 있었는데, 박람회에서 보았던 진열장도 여기서 만든 것이었지.

"당신이 만든 다른 작품도 보고 싶소."

가우디는 다짜고짜 자신을 찾아와 작품을 보여 달라는 구엘이 의아했지만 순순히 따라 주었어. 구엘은 박람회장에서 보았던 진열장 못지않게 멋진 책상을 발견했지.

'흠, 이렇게 독창적인 작품을 만들어 내다니 재능이 뛰어난 청년이군. 인상은 고집스러워 보이지만 내면은 아름다운 친구임이 틀림없어.'

아름다운 책상과 뚱한 표정의 가우디를 번갈아 살피던 구엘은 의미심장한 웃음을 지으며 오랜 친구처럼 반갑게 가우디의 손을 잡았단다.

구엘을 만나고 본격적으로 건축 일을 시작한 이후에도 가우디는 성격 때문에 여러 가지 어려움을 겪었어. 특히 건축을 할 때는 완벽하게 하려는 고집을 굽히지 않았지. 공사가 진행되더라도 자신의 생각과 맞지 않은 부분이 발견되면 부수고 다시 시작했어. 완공을 코앞에 두고 있는 건축물이라고 해도 예외를 두지 않았지. 게다가 다른 사람의 간섭이나 조언을 받지 않고 자신만의 건축을 완성하려고 했기 때문에 가우디를 못마땅하게 여기는 사람들이 많았단다.

하지만 구엘만은 가우디의 고집스러운 성격을 이해하며 아낌없이 지원해 주었어. 늘 가우디의 마음을 먼저 헤아리곤 했거든. 가우디에게 자신의 꿈을 이해하는 '지기▪'가 생긴 거야.

"공사가 늦어질 거라고? 괜찮네. 더 멋진 작품을 만들기 위해서일 테니 기꺼이 기다리지. 그나저나 나는 자네의 고생이 더 심해질까 걱정이네."

그런가 하면 구엘은 가우디가 카탈루냐 특유의 문화를 건축에 표현하는 것을 매우 좋아했어. 구엘도 가우디와 마찬가지로 카탈루냐 출신이었거든. 구엘은 부유한 경제력을 바탕으로 카탈루냐의 찬란한 문화를 다시 세우려는 꿈을 꾸고 있었기 때문에 아낌없이 가우디를 지원할 수 있었어. 둘은 같은 꿈을 꾸는 친구였던 거야. 이런 구엘에게 가우디는 아낌없는 찬사를 보냈어.

"구엘은 부유하지만 티를 내지 않고 제대로 쓸 줄 아는 사람이다. 구엘이야말로 존경할 만한 사람이고, 진정한 귀족이다. 그리고 나에게는 진정한 친구다."

▪ 지기 속마음까지 참되게 알아주는 친구.

　가우디를 처음 만났을 당시 구엘은 일찍이 사업가로서 성공한 상태였어. 가우디의 말처럼 구엘은 엄청난 재산이 있었지만 거만하게 행동하지 않았고, 여러 사람과 쉽게 잘 어울렸단다. 권력이 있는 사람이나 돈이 많은 사람들과도 가까운 관계를 쌓아 가고 있었지.

　평소에도 젊은 예술가들을 찾아내 도와주는 일에 열심이었던 구엘은 가우디 역시 재능을 마음껏 발휘할 수 있도록 노력했어. 자신이 알고 지내는 많은 사람들에게 가우디를 소개하고 가우디의 작품 세계를 이해시키는 데 앞장섰지.

구엘이 이처럼 '가우디 건축'의 전도사가 된 것은 그 자신이 누구보다 가우디의 재능을 사랑했기 때문이야. 1883년에는 가우디를 구엘 가문의 건축 담당자로 임명했지. 이때부터 가우디는 구엘과 그의 집안을 위해 35년 동안 일했단다.

그러던 어느 날이었어. 구엘은 가우디를 만나 새로운 제안을 했단다.

"멋진 궁전을 하나 지어 주게. 나와 우리 가문뿐 아니라 바르셀로나 시민들을 위한 공연이나 모임 장소로도 쓰려고 한다네. 그러니 웅장하면서도 화려하면 좋겠지. 하지만 어떻게 만들든지 자네가 생각하는 대로 하게. 나는 자네를 믿네."

가우디는 지하에서 굴뚝에 이르기까지 자신이 할 수 있는 최대한의 상상력을 발휘해 궁전을 지었어. 정문은 철재를 자유자재로 구부려 화려하게 장식했고, 거실엔 대리석 기둥과 고급 목재를 사용해 웅장함을 더했어. 중앙은 지붕까지 곧바로 이어지도록 만들었는데, 아래에서 천장을 쳐다봤을 때 마치 별이 쏟아지는 듯한 느낌을 받을 수 있도록 했어. 지하실에는 거대한 기둥들이 둥근 아치 모양을 이루도록 했고 말이야. 여기에 깨진 도자기 조각으로 만든 화려한 채색 타일의 굴뚝까지, 가우디는 이전까지 어느 누구도 시도해 보지 않은 방법으로 궁전을 멋지게 완성했어.

"눈으로 보면서도 믿을 수 없을 정도로 아름답군. 이 궁전은 우리 고장을 빛낼 보물이 될 거야."

구엘은 크게 기뻐했어. 가우디는 구엘 궁전 덕에 바르셀로나를 대표하는 건축가로 이름을 날릴 수가 있게 되지. 바르셀로나의 아름답기로 유명한 거리에 세계 유산으로 지정되어 있는 건축물들이 있다고 한 것 기억나니? 구엘 궁전이 그중 하나로 1984년에 유네스코 세계문화유산으로 지정되었어.

가우디는 구엘 궁전 외에도 구엘 공원, 포도주 저장고, 구엘 지하 성당 등 구엘 가문의 모든 건축에 참여했어. 1910년에는 파리에서 자신의 돈으로 '가우디 전시회'를 열어 줄 만큼 가우디에 대한 구엘의 믿음은 대단했단다.

'구엘 저택'이라고도 불리는 구엘 궁전이야.
빛이 들어올 구멍을 낸 밤하늘 같은 천장이 독특하지?

가우디는 구엘 가문의 건물뿐 아니라 각종 정원과 성당, 수도원, 개인 주택 등 많은 건축 작품을 남겼는데, 당시에는 그다지 후한 평가를 받지 못했어. 가우디의 건축물은 이전에는 볼 수 없었던 독창적인 것이 많았거든. 건물 바깥쪽의 벽을 돌과 타일로 알록달록하게 장식하거나, 구불구불한 곡선 모양으로 짓는 식이었지. 가우디를 비난하는 사람들은 '그저 뒤죽박죽 섞어 놓은 건물일 뿐'이라며 손가락질했어.

당시 사람들은 가우디가 건축물을 통해 표현하는 신념을 깊이 이해하지 못했던 것 같아. 가우디는 "장식엔 색이 반드시 있어야 한다. 자연이 우리에게 보여 주는 것 중에 똑같은 것은 하나도 없다. 나는 나의 영원한 스승인 자연의 순수함을 통해 영감을 얻는다."고 주장했거든.

가우디는 자신의 신념을 지키는 데 한 치도 흔들리지 않았어. 적어도 가우디에게는 그만의 작품 세계를 알아주는 구엘이 있었기 때문이지. 어느 날 가우디가 구엘에게 말했어.

"나는 가끔 내가 만든 것을 좋아하는 사람은 우리 둘뿐이라는 생각이 든다오."

가우디의 고민스러운 표정을 본 구엘이 싱긋 웃으며 이렇게 대답했지.

"나는 자네의 작품을 좋아하지 않네. 다만 존경할 뿐이지."

이렇게 두 사람이 함께해 오던 어느 날, 구엘은 가우디와 함께 만들고 살았던 구엘 공원에서 갑자기 세상을 떠나고 말았단다. 가우디는 말할 수 없을 정도로 큰 슬픔을 느꼈어. 자신의 재능을 진정으로 알아 주던 유일한 후원자이자 진정한 친구가 떠났으니까.

  이후 가우디는 일에만 매달렸어. 마지막까지 가우디가 모든 힘을 쏟아부은 작품이 가우디 건축의 최고 걸작으로 꼽히는 '성 가족 성당' 이야. 오랫동안 자신과 같이 일했던 사람이나 가족들이 하나둘 세상을 떠나자, 가우디는 다음은 자신의 차례라고 예감했던 것 같아. 그래서 더더욱 성당 건설에 온 열정을 쏟아부었지. 나중에는 집을 나와 성

가우디의 마지막 작품인 성 가족 성당이야. 원뿔 모양의 뾰족탑들이 환상적인 성당으로 높이가 무려 170미터나 돼. 40층짜리 건물과 비슷한 높이지. 공사가 진행되는 이 성당을 비롯해 가우디가 바르셀로나에 지은 일곱 건축물이 유네스코 세계문화유산에 등록되어 있단다.

가족 성당에서 먹고 자며 일했단다.

　하지만 구엘이 없었기 때문일까? 안타깝게도 이 성당은 아직도 미완성 상태야. 1926년에 가우디가 세상을 떠났고, 성당이 설계된 지도 130여 년이 지났지만 기부금만으로 공사를 하고 있어서 완성되기까지 얼마나 걸릴지도 알 수가 없지. 앞으로 100년에서 200년은 더 걸려야 완성되리라고 예측할 뿐이란다.

독재자 히틀러와 나치 정권의 부당함에 맞서 싸운 남매

한스 숄과 조피 숄

　오빠 한스와 동생 조피는 제1차 세계 대전*으로 유럽 사회 전체가 무척 혼란스러웠던 시절, 독일에서 태어났어. 오남매 가운데 둘째와 넷째로 세 살 터울의 평범한 남매였지. 화목한 가정에서 지냈지만 독일이 세계 대전을 일으킨 전범* 국가로서 책임을 져야 했기 때문에 나라가 어려운 시절이었어.

　굶주림과 추위에 떠는 아이들이 거리에서 죽어가며 빵 한 조각을 구걸해도 누구 하나 온정을 베풀 여유조차 없을 만큼 온 나라가 경제 불황과 가난에 고통받고 있었단다.

　그러던 어느 날, 라디오에서 지직거리는 소음과 함께 급보가 흘러나왔어.

---
* **제1차 세계 대전** 1914년부터 유럽에서 시작되어 약 4년 4개월 동안 계속되었던 세계 전쟁.
* **전범** 전쟁 범죄를 줄여 이르는 말.

"아돌프 히틀러가 독일의 새로운 수상▪이 되었습니다."

새 수상이 된 히틀러는 독일 사회의 어려운 현실을 지적하며 자신이 좋은 세상을 만들겠다고 이야기했지. 직장을 잃은 사람에게는 일자리를, 굶주림에 시달리는 사람에게는 빵을 주는 '강한 독일'을 만드는 정치를 하겠다고 약속도 했어.

단, 독일 사람들이 나라와 민족을 사랑하는 마음으로 제 몸을 아끼지 않고 일해야 한다고 강조했지. 한편으로는 '게르만 민족주의▪'를 내세우며 독일이 곧 최고의 강대국이 될 것이라고 장담하기도 했단다.

그런데 히틀러라는 이름을 어디서 많이 들어 보지 않았니? 그래, 이 히틀러가 바로 제2차 세계 대전을 일으켜 인류에게 커다란 피해를 입힌 독일의 독재자야.

하지만 이때까지만 해도 제1차 세계 대전에서 패배한 이후 패배감과 절망감에 빠져 우울한 상태였던 독일 사람들은 히틀러가 장밋빛

아돌프 히틀러

제2차 세계 대전을 일으키고 수많은 유대인을 학살한 독일의 정치가야. 독일의 정치 세력 중 하나였던 나치당의 젊은 우두머리로, 수상이 되자 곧 나치당만으로 이루어진 독재 정권을 만들었단다. 이듬해 대통령이 사망하자 그 자리까지 차지해 독재자로 군림했지.

▪ **수상** 국가의 행정을 담당하는 최고 합의 기관의 우두머리.
▪ **게르만 민족주의** 독일을 세운 게르만 민족이 세계에서 가장 우수하다고 주장하는 사상.

미래를 약속하자 모두들 환호했지. 한스와 조피도 마찬가지였어. 어린 나이였지만 둘은 조국의 발전에 이바지하는 사람이 되고 싶었단다.

열다섯 살이 된 한스는 어느 날, 무언가 단단히 결심한 듯 아버지와 마주 앉았어.

"아버지, 저 히틀러 청소년단에 들어가고 싶어요."

히틀러 청소년단이란 1920년대에 독일 나치 정권이 만든 청소년 조직이야. 청소년들이 어렸을 때부터 나치 사상*을 자연스럽게 받아들이도록 히틀러가 만든 단체이지. 이 단체에 가입한 청소년들은 함께 모여 생활하면서 나치 사상은 물론 지도자인 히틀러에 대한 헌신과 협동, 복종에 대해 배웠단다. 당시 독일에서는 히틀러가 국민들의 영웅으로 떠올랐기 때문에 청소년단의 인기도 덩달아 치솟고 있었어. 그런데 뜻밖에도 아버지는 못마땅한 표정을 지었어.

"한스야, 히틀러를 믿어서는 안 된다. 그자는 냉혹한 곰 사냥꾼 같은 사람이야. 히틀러가 바라는 것은 사냥감이지 평화가 아니란다. 언젠가는 전쟁을 일으키고 독일을 큰 위험에 빠뜨리고 말 거야."

하지만 한스는 아버지가 독일을 위해 노력하는 히틀러의 마음을 오해한다고 생각했지. 한스는 아버지를 끈질기게 설득해 히틀러 청소년단에 가입했어.

히틀러 청소년단의 생활은 흥미롭고 즐거웠어. 한스는 동료들과 함

---
* **나치 사상** 히틀러와 독일의 나치당이 독재와 침략을 정당화하기 위해 만든 사상으로 국가와 민족의 이익을 위해서는 개인을 희생해도 된다는 전체주의가 짙은 사상.

하켄크로이츠는 십자를 구부러뜨린 모양으로 나치당을 상징하는 문양이야. 독일은 전쟁 이후 공공장소에서 하켄크로이츠를 사용하는 것을 법적으로 금지하고 있단다.

께 주말이 되면 자전거를 타고 교외를 달리다 텐트를 치고 야영을 했고, 청소년단의 노래를 부르면서 게임을 하거나 '하켄크로이츠'라고 부르는 나치 깃발을 휘두르며 행진하기도 했지. 한스는 분대를 이끄는 대장이 될 정도로 열심히 활동했단다.

동생 조피는 청소년단의 단원인 한스가 무척 자랑스럽고 부러웠어. 한스가 들려주는 청소년단 이야기에 푹 빠져 '나도 한스 오빠처럼 히틀러 청소년단에 들어가고 말 테야.'라고 다짐하곤 했지. 이듬해, 독일 소녀단이 생겼을 때 조피는 기쁜 마음으로 단원이 되었단다. 조피도 한스 못지않게 나무 타기, 장애물 뛰어넘기, 수영, 응급 처치 등 여러 활동을 하며 가장 우수한 단원으로 평가받았어.

한스와 조피가 청소년단과 소녀단에서 열심히 활동할 무렵, 독일의 경제 상황이 차츰 나아지기 시작했어. 한스는 모두 히틀러 덕분이라고 생각했지. 하지만 아버지는 여전히 히틀러에 대해서 이렇게 말하곤 했단다.

"히틀러가 하는 짓은 사기와 도적질에 불과해. 사람들을 자기 뜻대로만 이끌려고 하고, 다른 생각을 가진 사람들을 탄압하잖아. 유대인˙의 재산을 함부로 빼앗는 것만 해도 그래. 그런 행동은 정치 지도자가 하지 말아야 할 가장 나쁜 짓이란다."

실제로 히틀러는 학교에서 가르치는 내용은 물론 일상생활까지 일일이 간섭했고, 국민들에게는 나치 정권이 시키는 대로 따를 것을 요구했어. 뿐만이 아니야. 독일의 가난이 유대인 탓이라며 대대적인 탄압 정치를 펼치기 시작했어. 경제적 어려움을 유대인에게 떠넘겨 '국민의 적'으로 만든 거야. 그러다 보니 유대인이 재산을 빼앗기거나 부당한 대우를 받더라도 당연하다고 생각하는 사람들이 늘어나기 시작했단다.

사회 분위기가 이렇게 변해가자 한스와 아버지가 다투는 일이 점점 늘어났어. 한스는 아버지가 더 이상 애국자가 아니라고 생각했고, 아

˙ **유대인** 유대교를 믿으며, 역사적 상황 때문에 오랫동안 세계 각지에 흩어져 지내 온 민족을 가리키는 말. 다시 팔레스타인에 이스라엘을 세워 이스라엘인이라고도 한다.

버지는 히틀러의 검은 속셈을 모르는 한스와 조피를 걱정했지.

그러던 어느 날, 한스가 청소년단 모임에 참석했을 때의 일이야. 한스는 분대원들에게 이런 제안을 했어.

"깃발은 단원들 간의 우애와 믿음을 뜻하는 최고의 상징물이야. 나는 조국과 히틀러 수상에 대한 마음을 담아 우리 스스로 멋진 분대 깃발을 만들어 보았으면 하는데, 너희들은 어때?"

분대원들은 모두 한스의 생각을 지지해 주었어. 한스와 분대원들은 곧바로 새로운 깃발을 만들었단다. 그런데 청소년단의 한 지도자가 새로운 깃발을 들고 있는 한스의 분대원들을 야단치기 시작했어.

"특별한 깃발 따위는 필요 없어. 우리는 오직 규칙으로 정해진 깃발만 있으면 돼. 그러니 그저 시키는 대로 하라는 말이야!"

그 지도자는 깃발을 내동댕이친 뒤 수많은 단원들 앞에서 한스와 분대원들을 향해 소리를 질렀어. 자신은 물론 분대원들까지 지나친 모욕을 당하자 한스는 화를 참지 못하고 지도자의 얼굴을 때리고 말았지. 그렇게 한스는 분대장 자리에서 쫓겨나게 되었단다.

가족들은 무척 놀랐지만 사정을 듣고 난 뒤에는 한스의 마음을 이해해 주었어. 동생 조피는 더욱 애틋한 마음으로 오빠를 위로했지.

"깃발은 청소년단의 정신을 뜻하니 오빠에게는 가장 소중한 물건이었을 거야. 나는 단원들의 작은 제안조차 짓밟아 버리는 청소년단에 크게 실망했어."

한스와 조피가 히틀러에게 의구심을 갖기 시작한 것은 이때부터였어. 하지만 숄 남매가 히틀러와 나치 정권, 히틀러 청소년단에 대해 본격적으로 반발심을 갖기 시작한 것은 학교에서 인기가 높았던 역사 선생님이 갑자기 사라진 일 때문이었어. 역사 선생님이 나치 정권에 뜻을 같이하지 않았다는 이유로 강제 수용소▪로 끌려간 사실을 알고 난 뒤에는 충격을 넘어 분노의 마음까지 들었지.

한스는 비로소 아버지의 평소 말씀이 떠올랐어. 그리고 얼마 후, 히틀러는 아버지가 예견했던 대로 제2차 세계 대전을 일으키고 말았단다.

전쟁이 일어났을 때 한스는 뮌헨 대학에서 의학을 공부하고 있었어. 하지만 당시 다른 학생들처럼 한스 역시 나치 정권의 명령으로 몇 개월씩 전쟁터에 나가 노동 봉사를 해야 했단다. 한스는 전쟁의 잔혹함과 히틀러의 야욕 앞에 무수히 많은 군인들이 죽거나 포로가 되는 참상을 목격했어. 하지만 히틀러는 전쟁을 멈추지 않았지.

그러던 1942년 봄, 숄 가족은 익명의 편지 한 통을 받았단다. 편지에는 히틀러의 나치 정권이 장애인과 정신 질환자, 허약자, 치료가 불가능한 환자, 노약자 들을 살 가치가 없는 존재들이라는 이유로 죽이고 있다는 끔찍한 내용이 쓰여 있었어. 또한 이런 학살은 매우 비인간적이라는 강한 비판의 글이 실려 있었지. 편지를 읽은 한스는 깊이 감

▪ **강제 수용소** 히틀러가 통치하는 나치 독일이 강제 노동 및 대량 학살을 위해 설치하고 운영했던 수용소.

남매 한스 숄과 조피 숄

동하며 결심했어.

"누군가가 진실을 밝히기 위해 용기를 냈구나. 나도 더 이상 가만히 있을 수 없지. 히틀러와 나치 정권의 진짜 속셈을 널리 알려야겠다."

한스가 히틀러와 나치에 맞설 결심을 하는 동안 조피 역시 군수 공장에서 총탄을 만들며 노동 봉사를 하고 있었어. 일이 끝난 뒤에도 나치 사상 교육을 받느라 개인 활동을 거의 할 수 없었지. 조피는 자신이 사랑하는 조국이 잘못된 길을 가고 있다는 생각이 들기 시작했어.

설상가상으로 동료 여직원의 고발로 아버지가 나치 정권의 비밀 국가 경찰에게 잡혀가는 일까지 일어났어. 평소 히틀러를 비판했기 때문이었지. 아버지는 오래지 않아 감옥에서 풀려났지만, 늘 경찰의 감시를 받는 신세가 되었어. 숄 가족은 하루하루 조심스럽고 불안한 나날을 보내야 했단다.

노동 봉사가 끝난 뒤 조피는 한스를 따라 뮌헨 대학에 입학했어. 한스는 조피를 태운 기차가 뮌헨 역에 도착하자마자 달려왔지.

"조피, 뮌헨 대학에 온 것을 축하해. 든든한 동지가 생긴 기분인걸? 오늘 저녁에는 내 친구들과 환영 파티를 하자."

한스의 친구들은 조피를 따뜻하게 환영해 주었고, 조피는 한스의 친구들을 오빠처럼 좋아하게 되었단다. 한스와 친구들이 자주 모이는 독서 모임 때에도 조피는 옆에서 이야기를 듣곤 했어. 그러다 독일군

이 폴란드를 침공하면서 폴란드 사람들을 짐승 다루듯 학대했다거나 30만 명의 유대인을 총으로 쏴 죽이거나 가스실에 몰아넣고 잔인하게 살해했다는 엄청난 이야기를 전해 듣기도 했지.

그러던 어느 날 놀라운 일이 있어났어. 히틀러와 나치 정권을 비판하는 전단이 대학 안에 뿌려진 거야.

> 백장미로부터…
> 한 나라의 국민으로서 히틀러가 저지르는 야만스러운 행위에 아무런 저항을 하지 않는 것은 수치스러운 일입니다. 왜 독일 국민들은 인간의 존엄성을 해치는 이런 끔찍한 행위를 가만히 보고만 있는 것입니까? 너무 늦기 전에 히틀러에 맞서 투쟁해야 합니다.

전단에는 독일군의 유대인 학살은 물론 독재자 히틀러에 대한 강력한 비판이 담겨 있었어. 조피는 놀라움에 눈이 휘둥그레졌지만 이내 미소를 지었어. 이렇듯 양심적인 사람들이 있다는 사실이 반가웠거든. 진실을 제대로 알리기만 한다면 수많은 독일 사람들이 히틀러와 나치 정권을 비난하며 맞설 것이고, 그들의 만행도 멈출 수 있을 테니까 말이야.

다시 한번 전단을 읽던 조피는 가슴이 철렁 내려앉는 기분을 느꼈어. 전단에 있는 글이 평소 한스의 독서 모임에서 들리던 토론 내용이었거든. 서둘러 집으로 돌아와 살펴본 한스의 책상에는 연필로 꼼꼼하게 밑줄이 그어진 책이 있었어.

"이 문구는 전단에서 보았던 글과 똑같아. 그렇다면 전단을 만든 사람이 바로?"

조피는 전단을 만든 사람이 한스라는 것을 확신하고는 불안에 떨었어. 오빠가 위험하지 않을지 걱정이 되는 한편, 혹시라도 가족들에게 피해가 가는 것은 아닌지 걱정스러웠지. 조피는 고민에 빠져들었어. 그리고 며칠 후 조피는 한스에게 이렇게 말했지.

"오빠, 전단 만드는 일 나도 함께하겠어!"

한스는 깜짝 놀라 조피를 말렸어. 자신이 하는 일이 정의와 평화를 위해 꼭 필요하다고 생각했지만, 여동생까지 위험해지는 것은 바라지 않았거든. 하지만 조피는 완강했어.

"범죄를 알면서도 모른척하는 것은 범죄를 저지르는 것과 똑같아. 그러니 말리지 말아 줘."

한스는 조피의 고집에 두 손 들고 항복하고 말았어. 하지만 내심 조피의 고집이 대견하고 자랑스러웠지. 조피의 용감한 선언에 더욱 용기가 나기도 했단다.

한스와 조피가 대학을 다니면서 얻은 집 뒤에는 아는 화가가 지내는 화실이 있었는데, 숄 남매와 친구들은 이곳 지하실을 '백장미단'의 모임 장소로 삼았어. 백장미단은 나치에 맞서 저항하는 뮌헨 대학생들의 비밀 조직이야. 한스는 전단에 늘 백장미를 그려 넣었는데, 그 때문에 백장미단이라는 이름이 붙게 되었지.

백장미단은 수천 장의 전단을 만들어 배포했어. 히틀러와 나치 정권은 자신들에게 반대하는 모든 이들을 무자비하게 탄압했기 때문에 매우 위험한 일이었단다. 아무리 학생이라고 해도 들키면 목숨을 잃거나 잔혹한 벌을 받아야 했어. 비밀 국가 경찰은 과연 전단을 누가 만들어 배포하는지 조사하기 위해 눈에 불을 켜고 사람들을 감시했지.

한스 일행은 감시를 피해 학교뿐만 아니라 독일 곳곳을 다니며 화장실이나 공중전화 박스, 열차 안내 시간표가 놓여 있는 사물함 등에 전단을 뿌렸단다.

그러던 1943년 2월 18일, 드디어 우려했던 일이 터지고 말았어. 한스와 조피가 아침 일찍부터 뮌헨 대학 복도 여기저기에 전단을 뿌리던 날이었지. 둘은 마지막으로 계단 위에 올라가 가방에 남은 전단을 쏟아 부었어. 그런데 그 순간, 두 사람을 발견한 수위가 한스와 조피를 붙잡고 말았단다. 함께했던 친구 크리스토프까지 말이야.

험상궂은 표정을 한 비밀 경찰 앞에서 조사를 받게 된 조피는 당당했어.

"전단을 만들어 배포한 것은 저예요. 너무 위험하기 때문에 다른 사람을 끌어들이지 않았죠. 다른 사람들은 관계없어요."

 그동안 한스도 다른 방에서 똑같이 조사를 받았어. 그리고 똑같은 말로 동료들을 감싸 죄를 덜어 주고자 했지.

 "모든 것은 나 혼자 벌인 일이오. 내가 전단을 만들었고 뿌린 사람도 나요. 다른 사람은 아무런 상관이 없소."

 숄 남매는 끝까지 자기 혼자 한 일이라며 버텼지만 결국 사형 선고가 내려졌단다. 심문을 받은 지 불과 4일 후에 사형이 집행되었지. 그 과정에서 숄 남매는 끝까지 의연한 모습을 보였다고 해. 자신들의 행

숄 남매가 공부했고 백장미단으로 활약했으며 마지막에 붙잡힌 뮌헨 대학에 만들어진 기념물이야. 이 기념물을 볼 때마다 모두가 잘못된 것을 보면서도 침묵할 때 용기 있게 맞서 싸운 숄 남매를 생각할 것 같구나.

동이 올바른 일이었음을 믿었기 때문이야. 특히 조피는 나치 정부에 의해 꼭두각시가 되어버린 재판정을 향해 이런 말을 남겼어.

"우리가 말한 것, 쓴 것들은 많은 독일 사람들도 생각하는 것이에요. 지금은 입 밖으로 말할 용기가 없을 뿐이랍니다."

인류를 위한 과학자 정신을 실천한 어머니와 딸

마리 퀴리와 이렌

Marie Curie &

    1911년 11월, 스웨덴 스톡홀름에서는 세계인의 주목을 받으며 노벨상 시상식이 열렸어. 얼굴 가득 웃음을 띠고 상패를 든 한 여자에게 젊은 여자가 다가와 축하의 인사를 건넸어.

    "정말 자랑스러워요, 엄마. 축하드립니다."

    "다른 누구보다 너의 축하가 더 반갑구나. 고맙다."

    축하를 받은 사람은 순수한 라듐▪을 분리해 낸 공로로 노벨화학상을 수상한 마리 퀴리. 축하를 건넨 사람은 그녀의 딸 이렌 퀴리였어.

    이렌은 마리 퀴리의 수상을 누구보다 기뻐했어. 수상자가 자신의 엄마이기 때문만은 아니었지. 이렌은 세상의 편견을 뚫고 노벨상을 두 번이나 수상한 여성 과학자에게 무한한 존경심을 느꼈단다.

▪ **라듐** 강한 방사능을 가진 원소.

사실 마리 퀴리는 8년 전에 이미 남편인 피에르 퀴리와 함께 방사능▪에 관한 연구를 진행해 여자로서는 처음으로 노벨물리학상을 받은 적이 있어. 불과 서른여섯 살의 여자가 노벨상 수상자가 되었다고 발표되자 세계는 깜짝 놀랐지. 요즘에는 여자들이 사회 모든 분야에서 능력을 마음껏 펼치고 있지만, 당시만 해도 여자는 노벨상은커녕 과학자가 될 수도 없다고 생각하는 게 일반적이었거든. 이로써 마리 퀴리는 여성 최초의 노벨상 수상자이자, 물리학상과 화학상을 동시에 받은 유일한 인물이 되었단다.

마리는 폴란드의 가난한 집안에서 태어났어. 어려서부터 남달리 영특했던 마리는 과학자가 되려는 꿈을 꾸었지만, 가난과 불안한 사회 환경 때문에 어려움을 겪어야 했지. 당시 폴란드는 러시아의 지배를 받고 있었는데, 일상생활의 감시는 물론이고 학교에서는 폴란드의 전통이나 문화를 무시한 교육이 이루어졌어. 심지어 폴란드의 역사 대신 러시아 역사를 배워야 했지. 게다가 여자는 아무리 공부를 잘해도 대학에 들어갈 수 없었어. 마리는 자신의 꿈을 이루기 위해 폴란드를 떠나 프랑스 파리에 있는 대학에서 공부를 시작했단다.

파리에서 마리는 춥고 좁은 하숙방에서 제대로 먹지도 자지도 못하며 공부하는 힘겨운 생활을 계속해야 했어. 그렇게 공부에 전념하기를 몇 년, 마리는 소르본 대학에서 물리학과 수학 석사 학위를 받게 되

▪ **방사능** 라듐과 같은 방사성 원소의 원자핵이 무너지고 깨지면서 나오는 전자파.

었단다. 그것도 매우 우수한 성적으로 말이야.

그리고 이 무렵 마리는 평생의 동반자 피에르 퀴리를 만나게 돼. 같은 대학에서 공부하던 피에르 퀴리는 똑똑하면서도 늘 성실한 마리에게 반해 이렇게 청혼했단다.

"마리, 나와 함께 살지 않겠습니까? 우리 두 사람이 인류를 생각하고 과학을 사랑하는 꿈을 함께 펼쳤으면 하오."

그들은 동료 과학자로서 함께 연구하고, 부부로서 사랑을 나누며 꿈을 키워 갔어. 그리고 얼마 후, 딸 이렌이 태어났지.

마리는 과학자로서, 아내로서, 엄마로서 생활하느라 눈코 뜰 새가 없이 바빴어. 특히 연구실에서 많은 시간을 보내야 했기에 엄마 노릇

 피에르 퀴리

1859년 프랑스 파리에서 의사의 아들로 태어난 피에르 퀴리는 아내인 마리 퀴리만큼 뛰어난 과학자였어. 소르본 대학에서 수학과 물리학을 전문적으로 연구하고 소르본 대학의 교수가 되었는데, 마리와 결혼한 뒤에는 함께 방사능 연구에 몰두해 새로운 원소인 폴로늄■과 라듐을 발견했지. 피에르는 1903년 노벨상을 받는 자리에서 "라듐이 범죄나 전쟁에 사용되어서는 안 되며, 과학을 통해 좋은 것을 더 많이 끌어내야 한다."라고 연설하며 많은 사람들의 박수를 받기도 했단다.

■ **폴로늄** 강한 방사성 물질 중 하나. 마리 퀴리의 모국인 폴란드를 따서 이름을 붙였다.

이 제일 힘들었지. 그래도 마리는 딸에게 좋은 엄마가 되어 주기 위해 최선을 다했어. 손수 음식을 준비하고 따뜻한 털옷을 떠 주었고, 크리스마스 때는 트리도 직접 만들었지. 이렌이 자라는 모습을 꼼꼼히 일기에 기록하기도 했어. 마리가 쓴 육아일기를 한번 들여다볼까?

1898년 7월 20일
네 발로 아주 잘 기어갔다. 옹알이도 했다. 하루 종일 정원에 깐 카펫 위에서 놀았는데, 구르고 몸을 일으키고 앉기까지 했다.

1899년 8월 15일
왼쪽 아래에 일곱 번째 이가 났다……. 혼자서 30초 동안 설 수 있게 되었다. 지난 3일 동안 시냇가에 나가 이렌을 목욕시키기 시작했다. 처음에는 울었지만 4일째 되는 날인 오늘은 울지 않고 물장구를 치며 놀았다…….

참 꼼꼼하지? 갓난아기인 이렌의 소소한 일상을 그대로 담은 일기에서 엄마인 마리의 사랑이 흠씬 느껴지는구나. 물론 마리의 육아일기는 둘째 딸 이브가 태어난 이후에도 계속되었어. 실험실에서 연구하랴, 집안일 하랴, 아이들 돌보랴, 마리의 하루는 더 바빠졌지.

마리는 이렌이 자연에서 뛰어놀며 자라도록 했어. 여자아이긴 했지만 여러 가지 스포츠도 가르쳤지. 장차 어떤 사람이 되든지 자신이 하고자 하는 일을 잘 하려면 건강이 중요했으니까 말이야.

또한 마리는 이렌을 자립심이 강한 아이로 키웠어. 일상생활에서도 엄마의 간섭이나 도움 없이 스스로 판단하고 행동하도록 가르쳤지. 파리에서 일하느라 잠시 떨어져 있던 엄마에게 아홉 살짜리 소녀 이렌이 보낸 편지를 한번 살펴볼까?

이브와 난 잘 지내요. 최대한 많이 수영을 했어요. 요즘엔 파도가 높지만 그래도 수영을 해요. 재밌어요. 수학 문제 2번을 못 풀었어요. 하지만 4번 문제는 나 혼자 풀었어요. 목요일에는 일하는 아주머니가 버터를 얻어 오는 농장에 갔었는데, 높이 쌓여 있는 건초더미에서 재미있게 놀았답니다.

마리는 이렌이 자신의 뿌리를 잊지 않도록 가정 교사를 따로 들여 폴란드어를 가르치는 것도 잊지 않았어. 이렇듯 이렌은 엄마의 사랑 속에서 건강하고 자립심 강한 아이로 자라났단다.

어느덧 이렌의 나이가 열 살을 넘었어. 이렌은 아직 어렸지만 부모로부터 과학자의 자질을 물려받은 덕분인지 총명하고 과학에 대한 관심도 높았어.

"책에 나와 있는 것만 보니까 이해가 안 되는 게 너무 많아요. 마음껏 실험해 보고 싶은데 학교에서는 안 되고……."

"그랬구나. 그럼 너는 어떻게 공부했으면 좋겠니?"

마리가 묻자 이렌이 잠시 생각하는 듯 고개를 갸우뚱하더니 이렇게 대답했어.

"엄마는 과학자니까 여러 가지 실험을 함께하면 좋겠어요."

때마침 마리의 머리에 좋은 아이디어가 떠올랐어. 틀에 박힌 학교 수업과 변변치 못한 과학 실험을 대신할 방법! 그것은 바로 '공동 교육'이었어. 공동 교육은 뜻이 맞는 여러 사람들이 아이들을 직접 교육하는 일이야. 마리는 동료 교수 여섯 명과 함께 서로 돌아가면서 아이들을 가르치기로 했지. 소르본 대학 실험실에서, 수학 강의실에서, 조각가의 화실에서. 학습 과목에 따라 장소를 달리해 가며 수학, 과학, 문학, 미술, 언어 등을 배우고 익히도록 한 거야.

"자, 오늘은 백열전구에 대해 알아보기로 해요. 이 백열전구 안에는 공기가 있을까요?"

물리학 수업을 맡은 마리의 청명한 목소리가 연구실 안을 울렸어. 이렌을 비롯한 아이들은 마리의 손에 들린 전구를 바라보며 눈동자를 반짝였지. 누군가 조그만 소리로 "없어요." 하고 말했어.

"맞아요. 전구 안에는 공기가 없어요. 전구 안에 공기가 있으면 공기 속의 산소로, 불빛을 내는 필라멘트가 타 버리기 때문이에요. 하지만 진공에서 온도가 높아지면 필라멘트가 쉽게 끊어지기 때문에 조명가스를 아주 조금 넣어요. 그러면 오래도록 빛을 유지할 수가 있거든요."

"어떻게 공기가 없다고 단정할 수 있죠? 공기는 어차피 눈에 보이지 않잖아요."

의심 어린 이렌의 지적에 마리가 웃으며 말했어.

"과연 전구 속에 공기가 있는지 없는지, 실험으로 확인해 볼까요?"

마리는 아이들에게 전구의 끝 부분을 아래로 향하게 한 뒤 물속에 집어넣도록 했어. 그 상태에서 전구에 구멍을 내자 전구 속이 금방 물로 가득 차올랐지. 전구 안에 공기가 차 있었다면 쉽사리 물이 들어가지 못했을 거야. 이렌의 입가에 비로소 미소가 떠올랐지.

이렇듯 마리는 아이들이 실험을 관찰하거나 직접 실험을 해 보면서 과학의 원리를 스스로 터득해 나가도록 했어. 이렌은 훗날 과학자가 된 뒤 이때의 경험 덕분에 과학을 사랑하는 사람이 될 수 있었다고

어머니와 딸
마리 퀴리와 이렌 퀴리

고백했어. 동생인 이브 역시 2년 동안의 공동 교육이 언니를 과학자로 만들었다고 거들었지.

1903년, 퀴리 부부는 노벨상을 공동 수상하면서 유명해졌어. 그런데 불과 3년 뒤에 피에르 퀴리가 마차 사고로 세상을 떠나면서 퀴리 가족은 충격에 빠졌단다. 특히 마리는 평생의 동반자이자 친구였던 존재를 잃은 슬픔에 몸을 가눌 수조차 없었지.

하지만 오래지 않아 마리는 다시 연구를 시작했어. 어떠한 일에도 실험만은 계속하겠다고 한 남편과의 약속을 기억하면서 말이야. 물론 피에르가 떠난 마리의 옆자리에는 이렌이 함께했어. 부모님과 같이 과학자의 길을 걷게 된 이렌은 동료처럼, 친구처럼 엄마의 연구와 활동을 적극적으로 도왔단다. 덕분에 마리는 1914년에 피에르와 함께 꿈꾸어 왔던 '라듐 연구소'를 열 수 있게 되었지.

그런데 안타깝게도 연구소 생활을 시작한 지 얼마 되지 않아 제1차 세계 대전이 일어났어. 온 유럽 사회가 참혹한 전쟁의 기운을 느끼며 불안에 떨었지. 마리가 있는 프랑스도 예외는 아니었어. 언제 닥쳐올지 모를 독일군의 공습에 불안해 하면서도 마리와 이렌은 수시로 편지를 주고받았단다. 그 당시 이렌과 이브는 파리 근처 한 작은 마을의 바닷가에서 휴가 중이라 잠시 떨어져 있었거든. 마리는 이렌에게 다음과 같은 편지를 보내며 힘을 주려고 했어.

사랑하는 이렌, 너는 어느덧 나에게 동료이자 친구가 되었구나. 모두들 이 비극적인 전쟁이 끝나기를 희망하고 있어. 너 역시 마찬가지겠지. 지금 당장은 할 수 있는 게 없다고 해도 얼마 후에는 국가와 민족을 위해 일하게 될 거야. 전쟁이 끝난 후에는 많은 사람들이 사라지고 없을 테니, 그때를 대비해 물리학과 수학 공부에 최선을 다하길 바란다.

마리는 전쟁이 계속되는 동안 부상당한 병사를 위해 X선 촬영기를 설치한 차를 많이 만들어 치료에 앞장섰어. X선 촬영기는 몸속을 비춰 볼 수 있기 때문에 어디에 총알이 박혔는지 빨리 알 수가 있었거

프랑스 파리에 있는 퀴리 박물관이야. 라듐 연구소의 한 부분에 마련한 전시실이니 이곳에서 마리와 이렌은 함께 연구를 했을 거야. 이곳에는 마리가 한창 연구하던 시절의 실험 도구, 연구 논문이나 노벨상 관련 자료 등이 빠짐없이 전시되어 있단다.

든. 이때 몇 달을 기다린 끝에 겨우 파리에 도착한 이렌이 엄마의 X선 촬영 계획을 함께 도왔단다. 덕분에 수많은 부상자의 생명을 구할 수가 있었지. 이것은 마리가 피에르와 함께 연구해 온 이론과 꿈을 실천하는 일이기도 했어.

이렌은 마리의 뒤를 이어 방사능을 연구했고, 마리 못지않은 과학자로 인정받게 되었단다. 라듐 연구소에서 일하던 프레데릭 졸리오와 결혼한 뒤엔 함께 인공 방사능* 연구도 시작했어.

물론 인공 방사능에 대한 연구 과정은 무척 어려웠다고 해. 세 번이나 노벨상 후보로 지목되면서도 작은 실수로 번번이 기회를 놓쳤거든. 마리는 낙담한 이렌에게 격려와 응원을 아끼지 않았어.

"우리의 연구는 노벨상을 위한 것이 아니야. 과학자는 상이 아니라 인류를 위해 일해야 한단다. 네가 포기하지만 않는다면 좋은 결과가 있을 테니 너무 실망하지 말렴."

마리의 말대로 이렌은 인공 방사능을 발견한 공로로 남편과 함께 노벨화학상을 받게 되었단다. 한 집안에서 2대에 걸쳐 노벨상을 받은 역사적인 사건이 일어난 거야. 게다가 이렌의 딸 엘렌도 물리학자가 되었다니 정말 대단하지?

하지만 마리는 이렌이 노벨상을 받기 한 해 전에 세상을 떠나고 말았어. 마리를 죽음에 이르게 한 원인은 백혈병. 누구보다 열정적으로

----
* **인공 방사능** 자연 상태에서 거의 존재하지 않는, 인공적으로 만든 방사능.

실험하면서 방사선을 오랫동안 쏘인 탓에 몹쓸 병에 걸리고 만 거야. 방사선은 세포나 작은 세균을 죽일 수 있어 병을 치료하거나 식품의 세균을 없애는 등 생활 곳곳에서 편리하게 쓰이는 장점이 있지만, 너무 오래 가까이할 경우 암과 같은 다양한 병을 일으킬 수 있단다. 안타까운 것은 이렌 역시 60세가 채 되기 전에 백혈병으로 숨을 거두었다는 사실이야.

마리와 이렌이 세상에 남긴 업적은 매우 커. 마리는 연구했던 라듐으로 큰돈을 벌 수도 있었지만, "과학의 혜택은 모든 사람에게 돌아가야 한다."는 평소의 신념으로 라듐을 얻는 방법을 세상 사람들에게 무료로 알려 주었어.

이렌 또한 여성들의 권리를 위해 노력하는 한편, 핵에너지가 전쟁이 아닌 인류의 평화로운 삶을 위해 개발되도록 힘을 쏟았지. 엄마 마리 퀴리의 과학자 정신을 그대로 이어받아 실천하며 산 거야. 1925년, 이렌이 소르본 대학에서 발표한 박사 학위 논문 끝에 적은 한 줄의 글은 그 마음을 잘 보여 준단다.

그녀의 딸이자 제자인 이렌이 퀴리 부인에게 바친다.

신념을 지킨 스승과 철학을 꽃피운 제자

소크라테스와
Socrates

　아테네(오늘날 그리스의 수도)는 지금으로부터 2500여 년 전, 그리스에서 가장 번성한 도시 국가였어. 정치, 문화, 교육의 수준이 높아서 다른 도시 국가들이 모두 아테네를 본받으려 애썼지. 이 때문에 아테네 시민들은 자부심이 컸어. 특히 아테네의 귀족들은 자신들이야말로 그리스를 이끄는 진정한 지도자라고 믿었단다.

　그 가운데 대대로 정치가를 배출한 집안에서 태어나 자연스레 정치가를 꿈꾸던 젊은이가 있었어. 부유한 환경에서 수준 높은 교육을 받으며 천재 소리를 들어 온 이 젊은이는 정치가가 되어 무지한 시민들을 돕고 싶었지. 이 젊은이가 훗날 '철학▪의 아버지'라 불리는 플라톤이야.

▪ **철학** 인간과 세계에 대한 근본 원리와 삶의 본질 등을 연구하는 학문.

어느 날, 플라톤은 지금까지의 인생을 완전히 뒤바꿔 놓을 사람을 만나게 된단다.

플라톤의 인생을 바꾼 사람은 볼품없는 외모의 늙은이였어. 허름한 옷에 구멍이 숭숭 뚫린 신발을 신고 다녔기 때문에 신분이나 직업조차 가늠하기 힘든 사람이었지. 그는 장사꾼은 물론이고 시인이나 정치가, 철학가, 예술가 등 사람을 가리지 않고 때와 장소에 상관없이 질문을 퍼부어 대곤 했어. 질문을 받은 사람이 결국 "내가 아는 것은 아무것도 없소."라던가 "나는 무지한 사람이오."라고 선언을 한 뒤에야 질문을 멈추었지.

아테네 시민들은 이 허름한 사내가 던지는 질문 공세에 통쾌한 기분을 느꼈어. 신분이나 빈부에 관계없이 인간이라면 누구나 끊임없이 알기 위해 노력해야 한다는 것을 어렴풋이 깨달았거든. 또한 그런 과정이 길바닥이든, 시장 한복판이든 장소에 상관없이 이루어질 수 있다는 사실에 놀라기도 했단다.

이 늙은이는 금세 아테네를 떠들썩하게 만들었어. 플라톤 역시 소문으로만 듣던 문답 장면을 직접 보게 되었단다.

늙은이 : 시인이여, 당신이 지은 시에 어떤 의미가 있는지 설명해 줄 수 있나요?

시　인 : 에헴, 나는 의미를 설명하기 위해 시를 짓지 않는다오.

늙은이 : 사람들이 당신의 시에 담긴 의미를 찾고 이해하려고
노력하는 것은 당신이 의도한 바가 아니라는 건가요?

시 인 : 그렇소.

늙은이 : 그렇다면 당신은 당신의 시에 사람들이 느끼는 의미
를 담지 않았다는 건가요?

시 인 : 그렇소. 나는 그저 영감에 따라 시를 쓴다오.

늙은이 : 당신은 그저 떠오르는 대로 시를 쓴다는 거군요?

시 인 : 그, 그렇소.

늙은이 : 영감이 떠오르는 대로 시를 쓴다면, 당신의 시에는
특별한 의미가 없다는 건가요?

시 인 : 그, 그게……

아테네에서 제법 이름을 떨치는 콧대 높은 시인은 금세 얼굴이 빨개졌어. 그 모습을 보고 어떤 사람들은 박수를 치며 웃었고, 어떤 사람들은 무언가 깨달음을 얻은 듯 고개를 끄덕였지. 무리 속에 있던 플라톤은 눈을 동그랗게 뜬 채 놀란 표정을 지었어.

'단순한 문답 속에 이렇게 깊은 뜻을 담아 깨우침을 주다니!'

사실 시인의 말대로 시는 영감에 따라 짓는 창작물이야. 또한 시인이 특정한 의미를 담아 지었다고 해도 읽는 사람에 따라 의미가 달라질 수 있지. 질문을 던진 늙은이가 문답을 통해 깨우치고자 한 것은 거

들먹거리는 시인의 무지함이었어. 자신이 무지함을 깨달아야 비로소 제대로 시를 지을 수 있음을 가르치고자 한 것이지.

이쯤 되니 허름하고 볼품없는 늙은이가 누구인지 알 것 같다고? 그래, 플라톤을 놀라게 한 이 늙은이는 길 위의 가난뱅이가 아니라 위대한 철학자 소크라테스란다.

철학은 그리스에서 생겨났다는 말이 있을 정도로 고대 그리스는 철학이 꽃을 피운 곳이야. 이때 정립된 '그리스 철학'은 과학, 정치, 문화 등 인류 역사에 커다란 영향을 끼쳤지.

이러한 그리스 철학은 크게 소크라테스 이전과 이후로 나누어진단다. 소크라테스 이전의 학자들은 인간이나 사회보다는 우주와 자연에 관심이 많았어. 그래서 일반 시민들과 동떨어진 곳에 끼리끼리 모여서 공부했지. 그들은 스스로 일반 시민들보다 우월하다고 믿었어.

하지만 소크라테스는 우주나 자연보다는 인간에 관심이 많았고, 인간이란 과연 어떤 존재인지에 대해 연구했어. 그러면서 우리가 진짜 아는 것과 모르는 것은 무엇인지에 대한 답을 찾고자 노력했단다. 소

16세기 초에 라파엘로가 바티칸 궁에 그린 〈아테네 학당〉이라는 벽화야. 플라톤과 아리스토텔레스를 가운데 두고 아테네의 철학자들을 한데 그렸어. 붉은 옷을 입은 플라톤을 등지고 왼편에 서 있는 사람이 소크라테스야. 또 누군가에게 질문을 던지고 있는 것 같구나.

크라테스는 자신에게, 혹은 타인에게 질문을 던지곤 했어. 질문을 거듭하다 보면 진짜 아는 것과 모르는 것이 구분되고, 이러한 과정을 통해 진정한 자아를 찾을 수 있다고 믿었기 때문이야.

소크라테스는 거리를 걷다가, 목욕을 하다가, 강가에서 노을을 감상하다가도 질문을 던졌지. 인간은 왜 태어났을까? 우리는 어떻게 살아야 할까? 등등. 어떤 이들은 대답하기 어려운 질문을 받고 곤혹스러운 표정을 짓거나 화를 내기도 했단다. 하지만 많은 아테네 시민들은 소크라테스의 질문에 흔쾌히 답하거나 반대로 질문을 던지면서 소크라테스와의 문답을 즐겼다는구나.

플라톤 역시 소크라테스가 문답을 통해 진리를 탐구하는 방식에 큰 매력을 느꼈어. 무엇보다 지금껏 정치가가 되어 사람들을 올바른 방향으로 이끌고자 공부해 왔던 방법이 혹시 잘못된 것은 아닐까 스스로 의심하게 되었지. 플라톤은 우물 안 개구리처럼 공부해 온 자신을 반성하며 소크라테스의 가르침을 받겠다고 결심한단다.

물론 집안의 강한 반대에 부딪혔지만 플라톤은 끝내 소크라테스를 찾아 나섰어. 하지만 플라톤이라고 걱정과 두려움이 없는 것은 아니었지. 수많은 젊은이들이 소크라테스에게 가르침을 받고자 찾아드는데 과연 자신을 받아 줄지 알 수 없었거든.

이런저런 고민을 하며 소크라테스가 있는 곳으로 달려가던 플라톤은 길거리에서 잠이 들었다가 막 깨어난 소크라테스를 발견했어. 그런데 소크라테스가 이렇게 중얼거리는 거야.

"참 이상하네. 아폴론 신에게만 바친다는 백조가 내 품으로 날아오는 꿈을 꾸다니. 과연 무슨 뜻일까?"

소크라테스의 혼잣말을 들은 플라톤은 이때다 싶어 얼른 나섰어.

"그 백조가 바로 저입니다. 당신을 스승으로 모시며 가르침을 받고자 달려왔거든요."

소크라테스는 빙긋이 웃음을 지었어.

제자가 된 플라톤은 소크라테스가 수많은 사람들에게 질문을 던지는 모습을 가까이에서 지켜보았어. 꼬리에 꼬리를 물고 이어지는 질문 끝에는 늘 깨달음이 따랐지. 교과서도 없고 필기도 하지 않았지만 눈으로 보고 귀로 들으며 생생한 가르침을 받게 된 거야.

무엇보다 플라톤은 소크라테스가 많은 사람들과 대화하는 모습을 보면서 철저히 인간을 중심에 놓고 연구하는 스승의 마음을 이해할 수 있었어. 돈이나 명예가 아니라 깨달음을 얻기 위해 노력하는 스승을 보면서 한때 정치가가 되어 사람들 위에 서서 가르치고자 했던 자신을 반성하기도 했지.

소크라테스 역시 플라톤을 매우 대견하게 생각했어. 플라톤은 아테네의 귀족 가운데서도 단연 돋보일 정도로 좋은 조건과 환경을 가지고 있었지만, 스스로 아무것도 가지지 않는 무(無)의 상태로 돌아가려는 용기를 보여 주었지. 뿐만 아니라 플라톤은 늙은 스승도 존경할 만큼 학식이 풍부하고 생각이 깊은 사람이었어. 소크라테스는 플라톤이 훗날 자신보다 위대한 철학자가 될 것임을 짐작했단다.

그런데 어느 날, 뜻밖의 사건이 일어났어. 누군가 소크라테스를 고발한 거야. 민주적으로 운영되는 아테네에서는 시민의 고발이 있을 경우 누구든 법정에서 옳고 그름을 가려야 할 의무가 있었어. 소크라테스는 재판관과 시민들 앞에서 자신은 죄가 없음을 설명하며 변호했단다. 변호는 물론 소크라테스답게 문답으로 했지.

소크라테스: 오늘 나는 신을 믿지 않고, 젊은이들을 나쁜 길로 인도한다는 죄로 재판을 받는 중입니다. 그런데 나는 묻고 싶은 것이 있습니다. 젊은이들을 올바른 길로 인도하는 이들은 누구인가요?
재 판 관: 여기 모인 사람들이오.
소크라테스: 재판관과 정치가들이 젊은이들을 올바른 길로 인도하고 있다는 뜻인가요?
재 판 관: 그렇소. 여기 모인 사람들은 물론 아테네 시민들도 젊은이들에게 좋은 영향을 미치려고 노력하고 있소.

소크라테스 : 그렇다면 재판관과 정치가들, 아테네의 시민들이 모두 젊은이들을 올바른 길로 인도하고 있다는 뜻인가요?

재 판 관 : 그렇소.

소크라테스 : 아테네의 모든 사람들이 젊은이들을 올바른 길로 인도하려고 애쓰고 있는 가운데, 오로지 저만이 젊은이들에게 나쁜 영향을 미치고 있다는 뜻인가요?

재 판 관 : 바로 맞혔소!

소크라테스 : 그렇다면 아테네 시민들과 정치가들은 저 한 사람 때문에 젊은이들을 올바른 길로 인도하지 못하고 있다는 건가요?

재 판 관 : ……

플라톤은 스승이 문답법으로 자신의 무죄를 증명하는 것을 보면서 새삼 깊은 감명을 받았어. 플라톤은 스승이 무죄라고 생각했지만, 정치가들의 질투와 시기로 소크라테스에게 자칫 무거운 벌이 내려질까 걱정이 되었어. 그래서 법정에 서서 이렇게 말했지.

"존경하는 재판관님, 저는 스승님이 하신 말씀을 모두 믿습니다. 하지만 젊은이들에게 나쁜 영향을 끼쳤다는 재판장님의 판결에 따라 그에 합당한 벌을 받아야 한다면 그 또한 옳다고 믿습니다. 재판장님께서 벌금을 결정해 주신다면 스승님이 풀려날 수 있도록 보석금을 내겠습니다."

이 제안을 들은 소크라테스는 즉시 거절했어. 스스로 죄가 없다고 믿었을 뿐 아니라 만일 죄가 있다고 해도 법에 정해진 벌을 받아야 한다고 믿었기 때문이야. 재판에 참석한 사람들은 '소크라테스에게 정말로 죄가 있는 걸까?' 하고 의문을 품었어. 하지만 소크라테스는 끝내 사형을 선고받았단다. 소크라테스는 판결을 담담하게 받아들였어. 그러고는 자신을 지켜보는 모든 이에게 이렇게 이야기했지.

"만일 내가 젊은이들을 올바른 길로 인도하지 못하고 나쁜 영향을 끼친다면, 정말로 그렇다면 나는 벌을 달게 받아야겠군요. 지금까지 내 안에서 나를 일깨우던 신의 속삭임을 듣고 양심에 따라 행동했는데, 이제 그조차 들리지 않는 걸 보니 사형 선고를 받아들이는 선택이 옳은가 봅니다. 죽느냐, 사느냐 어느 쪽이 더 올바른 길인가는 오직 신만이 아실 겁니다. 어느 길이 옳은 길이든 이제 여러분은 여러분의 길을, 나는 나의 길을 가도록 합시다."

플라톤을 비롯한 제자들과 소크라테스의 친구들은 소크라테스에게 탈옥을 권유했지만 소크라테스는 이조차도 거부했어. 개인의 이익 때문에 사회가 정한 규칙을 지키지 않는 것은 철학자의 길이 아니라

고 생각했기 때문이야. 이래서 훗날 사람들은 소크라테스를 떠올리며 '악법도 법'이라는 말을 하게 되었단다.

소크라테스가 판결에 따라 독약을 마시고 평화로운 죽음을 맞이한 뒤에 플라톤은 온전한 철학자의 길을 걷기로 마음먹었어. 길 위에서 사람들과 어울리며 자신의 철학을 널리 알렸던 위대한 스승이 못다 이룬 것을 자신의 손으로 갈무리하고 싶었지. 그리고 스승인 소크라테스가 우주와 자연을 탐구하는 자연 철학에서 벗어나 자신과 인간을 탐구했다면, 플라톤은 더 나아가 진리와 이성, 이데아▪에 대해 연구했어. 그 결과 플라톤은 변하지 않는 진리는 이미 정해져 있으며, 인간은 진리를 추구하기 위해 냉철한 판단으로 이성적인 생각을 해야 한다고 주장했지.

플라톤은 소크라테스가 던진 의문을 바탕으로 평생에 걸친 연구 끝에 이론을 완성했어. 덕분에 철학이 학문으로서의 체계를 갖출 수 있게 되었지. 그래서 사람들이 소크라테스가 아닌 플라톤을 '철학의 아버지'라고 부르는 거란다.

허세에 차 하늘만 바라보던 학자들의 눈을 인간 중심으로 돌려놓은 소크라테스. 정치가를 꿈꾸었으나 위대한 스승 덕분에 더 위대한 철학자가 되어 인간을 이롭게 한 플라톤. '청출어람'이라는 말이 가장 잘 어울리는 것 같아.

▪ **이데아** 순수한 이성으로 얻어지는 최고의 개념.

서로 다른 시선으로 문학의 길을 함께한 친구

괴테와 실러

   독일 바이마르의 국립 극장 앞에는 두 사람이 나란히 서 있는 동상이 하나 있어. 동상의 주인공은 요한 볼프강 폰 괴테와 프리드리히 폰 실러. 두 사람 모두 독일 고전주의 문학▪을 대표하는 작가이자 세계적인 문호로 칭송되고 있지. 나란히 선 모습에서도 짐작할 수 있듯이, 두 사람은 200여 년이 지난 지금까지도 사람들의 입에 오르내릴 만큼 각별한 우정을 나누었다고 해. 게다가 돈독한 우정에 힘입어 좋은 작품을 펴낸 절친한 문학적 동료이기도 했단다.

   괴테는 독일의 프랑크푸르트 암 마인에서 태어났어. 큰 부자는 아니었지만 살림살이에 어려움은 없었다고 해. 괴테의 아버지는 교육열이 대단해서 일찍부터 문학이나 예술, 언어, 종교 등 여러 분야를 배우

▪ **고전주의 문학** 17세기 무렵 유럽에서 유행한 문학으로 감정이나 상상보다 이성과 합리성, 균형을 추구하는 점이 특징.

고 익히도록 이끌었지. 다행히 괴테도 공부하는 것을 좋아했는데 특히 식물이나 곤충, 별에 관심이 많았단다. 훗날 작가로 활동하면서도 틈틈이 쓴 과학책만 14권에 이른다니 정말 대단하지?

물론 교육열이 높고 엄한 아버지 덕분에 고충을 겪기도 했어. 아버지는 괴테에게 늘 이렇게 말했거든.

"너는 반드시 훌륭한 변호사가 되어야 한다."

괴테는 작가가 되고 싶었지만 아버지의 고집을 꺾을 수는 없었어. 결국 자신의 꿈은 마음속에 접어둔 채 20대 초반에 변호사가 되어야 했지.

한편, 실러는 괴테보다 10년 늦게 독일 마르바흐에서 태어났어. 평생 넉넉했던 괴테와 달리 실러는 늘 끼니 걱정을 해야 할 만큼 가난한 생활을 했지. 실러의 아버지는 군의관이었는데, 보수가 넉넉하지 않았거든.

게다가 당시에는 권력자인 영주의 명령에 무조건 복종하며 살아야 했어. 성직자가 되길 원했던 실러에게 영주는 아버지의 뒤를 이어 군의관이 되라는 명령을 내렸지. 실러는 사관 학교에 입학해 의학 공부를 해야 했어. 게다가 사관 학교는 엄격한 규율만 존재할 뿐 자유가 허락되지 않는 곳이어서 문학을 읽는 것조차 금지사항이었어. 하지만 실러는 감시관의 눈을 피해 셰익스피어와 루소 등의 책을 몰래 읽으며 하루하루를 이겨냈단다. 그때부터 작가가 되어야겠다고 생각했지.

이후 두 사람은 각각 작품을 발표했어. 서로 다른 곳에서 다른 모습으로 살고 있었지만, 두 사람 모두 뛰어난 글솜씨 덕분에 금세 유명해졌지. 특히 괴테는 스물다섯 살이 되던 해에 《젊은 베르테르의 슬픔》이라는 소설을 발표해 연예인과 다름없는 인기를 누렸어. 이 소설은 친구의 약혼녀 샤를로테를 짝사랑한 괴테 자신의 경험과 대학 친구가 실연한 후 스스로 목숨을 끊은 사연을 바탕으로 쓴 책이란다. 얼마나 인기가 높았는지 독일 전역에 주인공 '베르테르'가 입던 스타일의 옷이 유행했는가 하면, 작품 속 주인공을 흉내 내는 사람들도 많았지. 전쟁터에 출정한 나폴레옹도 이 책을 무려 일곱 번이나 읽었다고 해.

군의관이 된 실러도 열여덟에 쓰기 시작한 희곡■ 〈군도(도적 떼)〉를 4년 만에 발표했어. 군주의 포악한 정치를 비판하고 자유에 대한 간절함을 담은 작품이었지. 누구보다 억압된 생활을 잘 알고 있는 실러다운 작품이기도 해. 실러는 문학 작품을 통해 사회를 변화시키겠다는 각오를 하고 있었단다.

〈군도〉는 엄청난 인기를 얻었고, 전국 곳곳에서 연극으로 공연되었어. 하지만 만하임 극장에서 이 연극을 본 영주가 불같이 화를 내면서 실러에게 위기가 닥친단다. 결국 실러는 다른 곳으로 몸을 피해 떠날 수밖에 없었어.

각자 작가의 길을 걷던 괴테와 실러 두 사람은 서로의 작품에 대해

■ **희곡** 연극과 같은 공연을 목적으로 대본처럼 쓰인 작품.

서 좋은 감정을 갖고 있었어. 그런데 정작 첫 만남에서는 서로에 대해 좋은 인상을 받지 못했나 봐. 실러는 친구 쾨르너에게 편지를 보내 괴테에 대해 다음과 같은 이야기를 했단다.

> 괴테 주변에 있으면 왠지 점점 더 불행해질 것 같은 생각이 들어. 그는 가장 친한 친구에게조차 속마음을 얘기하지 않는다네. 그 어느 것에도 얽매이려 하지 않지. 괴테의 정신세계를 좋아하고 그가 훌륭한 사람이라는 것은 알지만 그 때문에 미워지기도 한다네.

실러에게 불편한 감정을 갖고 있기는 괴테도 마찬가지였어. 1787년에 괴테는 〈에그몬트〉를, 실러는 〈돈 카를로스〉라는 작품을 거의 같은 시기에 발표했는데, 공교롭게도 두 작품 모두 소재가 네덜란드의 독립에 관한 내용이었어. 그러나 두 사람이 각자의 작품에 등장하는 주인공의 죽음을 표현하는 방식이 서로 달랐단다. 생각이 너무 다르다고 판단한 두 사람은 서로를 오해하게 됐고, 당시 바이마르에 머물러 있던 괴테는 실러가 이웃에 살고 있었는데도 친하게 지내려 하지 않았던 거야.

그렇게 첫 만남 이후 몇 해가 지나도록 두 사람의 관계는 계속 서먹했지. 그 사이 실러는 예나 대학으로 가서 역사학을 가르치기 시작했고, 괴테 역시 변호사이자 작가로 왕성하게 활동했어. 그러던 어느 날, 두 사람은 자연연구회 학술모임에서 우연히 마주치게 되었어.

두 사람은 쭈뼛쭈뼛 안부를 물은 뒤 학술모임의 주제인 '식물의 변형론'에 관한 대화를 시작했단다. 그런데 웬일인지 두 사람의 토론은 마른 풀에 불이 옮겨붙듯 열기를 띠기 시작했어. 토론은 학술모임장을 떠나 실러의 집으로 자리를 옮긴 후에도 계속되었지.

"내가 그림을 그려 보여줄 테니 잘 보게나."

괴테는 여러 개의 선을 그어 하나의 상징적인 식물이 나타나도록 그림을 그려 가면서 설명했어. 괴테의 설명이 끝나자 실러는 이렇게 말했어.

"그것은 경험이 아니라 이념일 뿐입니다. 실제와 다르다는 것이지요. 그래서 저는 당신 의견에 동의할 수 없습니다."

실러의 지적에 괴테는 화가 났어. 당시 괴테는 '경험'을 중요하게 생각했고 실러는 '이념'을 중시하고 있었는데, 자신의 말이 이념일 뿐이라고 반박했으니 자존심마저 상할 지경이었지. 더욱 열심히 자신의 생각을 설명하는 두 사람은 싸우고 있는 것처럼 보였을지도 몰라. 각자의 주장을 굽히지 않았으니 가뜩이나 서먹한 관계가 아예 틀어질 수도 있었어. 그런데 놀랍게도 긴 토론 끝에 두 사람은 서로의 차이를 흔쾌히 인정하게 되었단다.

"저는 당신의 주장이 틀렸다고 생각하지 않습니다. 단지 저와 생각이 다를 뿐이지요."

"나 역시 그렇다네. 우리의 상반된 주장은 결국 자네와 나를 구별하는 개성이 되겠지."

열띤 토론 끝에 두 사람은 오히려 서로에 대해 좋은 인상을 갖게 되었어. 의견은 여전히 달랐지만 같은 목표를 향해 노력하고 있다는 사실을 깨달았기 때문일 거야. 훗날 괴테는 이날의 토론을 이렇게 고백했단다.

"실러와 나의 만남이 유익해진 것은 '식물의 변형론' 연구 덕분이었습니다. 서로의 오랜 오해도 없앨 수 있었지요."

오해가 풀린 괴테와 실러는 든든한 동료이자 친구로서 가까워지기 시작했어. 1794년에는 실러가 잡지 〈호렌〉의 창간을 앞두고 괴테에게 도움을 요청했지. 괴테는 기꺼이 잡지의 중요 필자로 활동하게 되었단다.

그 후에도 둘은 《문예연감》에 당시 문단을 비판하는 내용의 〈크세니엔〉이라는 짧은 시 414편을 함께 만들어 공동 작품으로 수록하기도 했어. 이 시는 두 사람이 자신들과 뜻이 다른 작가와 비평가들을 비판하는 풍자시▪였지. 괴테는 〈크세니엔〉을 두고 "내 글은 평범하고 소박한데 실러의 글은 날카롭고 과격하다."고 말하기도 했어.

괴테는 실러와의 공동 작업을 마친 뒤 자신이 실러 덕분에 다시 얻게 된 작가로서의 열정에 기뻐하며 다음과 같은 편지를 보냈단다.

> 실러, 자네와의 행복한 만남은 나에게 이로운 점을 많이 가져다주었어. 나는 이런 관계가 계속되기를 바라고 있지. 자네는 내게 젊음을 되찾아 주고, 나를 다시 작가로 만들어 주었다네.

물론 실러도 이렇게 화답했어.

▪ 풍자시 대상의 부정적인 면을 다른 것에 빗대어 공격하는 시.

> 괴테, 당신과의 만남은 내 인생에서 가장 유익한 사건이었습니다.

이렇게 괴테와 실러는 공동으로 글을 쓰기도 하면서 1000통이 넘는 편지를 주고받으며 함께 문학의 길을 걸었단다. 그래서 두 사람은 자신들의 만남을 '문학적 동행'이라고 했어. '함께 간다'는 의미의 '동행'으로 괴테와 실러 두 사람이 작가로서 서로 돕고 경쟁하면서 함께

사람들 앞에서 자신의 글을 읽는 실러를 그린 그림이야. 오른쪽에 서서 한 손을 허리에 짚고 실러를 지켜보는 사람이 바로 괴테란다.

발전하는 관계라고 표현한 거야.

실러가 예나 대학을 그만둔 뒤 괴테는 자신의 집 근처에 실러가 지낼 집을 마련해 주었어. 형편이 어려운 실러가 작품을 쓰는 일에만 온 힘을 기울일 수 있도록 돕기 위해서였지. 예전보다 더 자주 만나게 된 두 사람은 어떤 작품을 만들지 구상하면서 서로의 의견을 듣고 참고하기도 했고, 게으름을 피울 때는 서로에게 엄격한 질타를 던지는 선생님 노릇도 해 주면서 지냈단다.

그렇게 해서 나온 작품이 괴테의 대표 작품으로 불리는 〈파우스트〉야. 〈파우스트〉는 괴테가 스물세 살부터 구상한 희곡이었지만 오랜 시간 동안 좀처럼 완성되지 못한 채 골칫덩어리로 남아 있었어.

"요즘은 왜 그렇게 낯빛이 어두우십니까? 고민이라도 있습니까?"

"오랫동안 마무리하지 못한 작품 때문이네. 과연 내가 그 작품을 완성할 수 있을지 모르겠어. 작가로서 능력이 모자라니 부끄러워 견딜 수가 없군."

"무슨 말씀입니까? 좋은 작품을 만들기 위해 고민이 깊어지는 것은 당연합니다. 그렇게 고민하는 것만으로도 이미 능력 있는 작가이신 겁니다."

괴테는 실러의 응원과 격려에 힘입어 작품을 다시 쓰기 시작했단다. 괴테가 쓴 원고를 읽고 실러는 자신의 느낌을 말해 주었어. 잘된

부분에는 뜨거운 찬사를 보냈고 보완해야 할 부분에는 충고를 아끼지 않았지. 그리고 마침내 1797년 괴테는 〈파우스트〉에서 아주 유명한 부분인 '헌사'와 '천상의 서곡', '발푸르기스의 밤'을 완성했단다. 실러 덕분에 괴테는 다른 작품들도 순조롭게 발표할 수 있었지.

물론 실러도 작가로서 열정을 불태우는 괴테에게서 자극을 받아 〈돈 카를로스〉 이후 무려 9년 만에 희곡 작품에 도전했어. 그 결과 실러의 3부작이라 불리는 〈발렌슈타인〉을 완성할 수 있었지. 이 작품은 3년에 걸쳐 썼는데, 당시 바이마르 극장장으로 일하고 있었던 괴테의 도움과 독촉이 없었다면 세상의 빛을 보지 못했을 거야.

실러의 대표 작품이라고 불리는 〈빌헬름 텔■〉도 괴테의 도움으로 만들어졌는데, 여기서 재미있는 사실 한 가지! 괴테 또한 '빌헬름 텔'의 이야기를 바탕으로 서사시■를 쓰고자 준비 중이었단다. 스위스를 여행할 때도 빌헬름 텔의 자료를 모으기 위해 따로 시간을 낼 정도였어. 그러던 중에 공교롭게도 실러도 빌헬름 텔에 대한 희곡을 준비하고 있음을 알게 된 거야. 실러는 미안해하면서 희곡을 쓸 수 있도록 양보해 줄 수 없을지 물었단다. 그러자 괴테는 흔쾌히 말했어.

"그러게나. 자네가 쓴다면 아주 훌륭한 작품이 될 거야. 그동안 내가 모아 놓은 자료들이 있으니 그것도 원한다면 주겠네. 조금이나마 도움이 되었으면 좋겠군."

괴테의 양보와 격려로 실러는 자신의 마지막 작품인 〈빌헬름 텔〉을

■ **빌헬름 텔** 포악한 관리가 다스리는 스위스 어느 마을의 활의 명수 '빌헬름 텔'의 이야기. 아들의 머리 위에 놓인 사과를 활로 쏘아 맞추라는 명령을 수행하는 대목이 유명하다.
■ **서사시** 역사나 신화, 전설, 영웅 이야기 등을 바탕으로 한 시.

완성할 수 있었단다.

두 사람의 동행은 실러가 갑자기 세상을 떠나면서 끝이 났어. 친구이자 동료를 잃은 괴테는 "내 존재의 반쪽을 잃었다."라며 슬퍼했지.

실러의 격려와 조언으로 작업할 수 있었던 〈파우스트〉는 실러가 세상을 떠나고, 괴테가 여든두 살이 되던 해에 완성되었어. 장장 60여 년에 걸쳐 완성한 평생의 역작인 셈이지. 만약 실러가 살아 있었다면

괴테와 실러의 작품을 공연했던 바이마르 국립 극장 앞에 세워진 괴테와 실러의 동상이야. 얼굴은 서로 다른 곳을 향했지만 화관을 함께 든 두 사람의 모습이 '문학적 동행'을 그대로 보여 주는 것 같아.

누구보다 기뻐하고 축하해 주었겠지만 그러지 못하게 되었으니 괴테는 더욱 슬퍼했다고 해.

〈파우스트〉를 끝내자 비로소 이 세상에서 해야 할 일을 모두 마쳤다고 생각한 것일까? 1832년 봄, 괴테는 실러가 있는 곳으로 홀연히 떠나버렸단다. 괴테의 영혼이 떠난 몸도 실러가 잠들어 있는 바이마르의 한 묘지 옆에 나란히 묻혔지.

괴테는 실러와의 만남을 '행운의 사건'이라고 말하곤 했는데 괴테와 실러의 우정 덕분에 탄생한 명작이야말로 우리에게 큰 행운이 아닌가 싶구나.

국민을 사랑한 말더듬이 왕과 왕의 언어 치료사

조지 6세와

George 6

　1937년 5월 초, 영국의 웨스트민스터 대성당은 큰 행사를 앞두고 막바지 준비가 한창이었어. 12일에 열릴 조지 6세의 대관식이 코앞으로 다가왔기 때문이야. 대관식이란 왕세자였던 사람이 머리에 왕관을 쓰고 새로운 왕이 되었음을 세상에 알리는 의식을 뜻해. 영국 사회 전체의 눈과 귀가 모이는 아주 중요한 행사지. 게다가 화려하고 성대한 볼거리 때문에 세계인들도 큰 관심을 기울인단다.

　그런데 대관식을 앞두고 잠도 제대로 자지 못할 만큼 초조해 하는 사람이 있었어. 바로 대관식의 주인공인 조지 6세야. 조지 6세는 오늘날 세계에서 가장 사랑받는 여왕이라 불리는 엘리자베스 2세의 아버지란다.

흥미로운 점은 조지 6세가 원래 왕이 될 운명이 아니었다는 사실이야. 영국 왕실에서는 맏아들에게 왕의 자리를 잇게 하는 게 원칙인데 조지 6세는 둘째 아들이었거든. 아버지 조지 5세가 세상을 떠나자 서열에 따라 첫째 아들 데이비드 왕세자가 왕(에드워드 8세)이 되었는데, 채 1년이 안 돼 물러나고 말았던 거야. 그 때문에 둘째인 조지 6세가 왕의 자리를 잇게 되었지.

하지만 조지 6세가 초조한 이유는 왕이 된다는 설렘 때문이 아니라 오랫동안 계속된 언어 장애 때문이었단다. 왕이 될 사람은 대관식 날 대주교의 질문에 따라 답변을 해야 했거든. 조지 6세는 세계인이 숨을 죽이고 지켜볼 자리에서 말을 더듬는 자신을 떠올리고는 고개를 저었어.

'수많은 사람들이 말더듬이 왕이라며 손가락질할 거야. 국민들에게

 엘리자베스 2세

조지 6세의 첫째 딸로 1926년에 태어난 엘리자베스는 조지 6세의 뒤를 이어 여왕의 자리에 올랐단다. 제2차 세계 대전이 일어났을 때 왕위 계승자로서 영국을 위해 일하고 싶다며 1945년, 영국 여자 국방군에 입대하기도 했어. 이렇게 영국을 아끼는 마음으로 영국의 여왕으로서는 두 번째로 오랫동안 여왕의 자리를 지키고 있지.

자랑스러움은커녕 부끄러움을 느끼게 하는 왕이라니, 도저히 있을 수 없는 일이야.'

다행스럽게도 조지 6세에게는 믿음직한 신하가 있었어. 그의 이름은 라이오넬 로그. 쉰 살이 훌쩍 넘은 늙은 신하이자 왕실에 소속된 언어 치료사였단다.

로그는 대주교와 조지 6세가 주고받을 질문과 답을 읽어본 뒤 왕이 말을 더듬을 수 있는 단어가 얼마나 되는지부터 살펴봤어. 조지 6세는 'K'와 'Q'로 시작하는 단어나 자음이 반복되는 단어를 발음하기 힘들어 했거든. 로그는 문제가 되는 단어를 뜻이 비슷한 다른 단어로 바꾸고, 원고에서 숨을 쉬어야 할 부분을 표시했단다. 그런 다음 조지 6세가 막힘없이 술술 읽을 수 있을 때까지 반복해 연습하도록 도왔지.

"가장 중요한 것은 호흡입니다. 긴장하지 마시고 천천히 끊어 읽으며 숨을 쉬십시오. 그러면 잘 해내실 수 있을 겁니다."

조지 6세도 로그의 지도에 따라 연습을 게을리하지 않았지. 조지 6세는 자신을 제 몸처럼 돌보며 정성을 다하는 로그에게 마음 깊이 고마움을 느꼈어. 그래서 대관식이 열리기 전날 밤, 로그에게 빅토리아 훈장을 수여했지. 빅토리아 훈장은 왕이나 여왕에게 큰 공을 세운 사람에게 수여되는 영예로운 상이란다. 설령 대관식 날 자신이 실수를 한다고 해도 로그의 공로만큼은 인정해 주려고 했던 거야.

당시 영국의 신문기자들은 대관식 날 공개된 명단에서 로그의 이름을 발견하고 깜짝 놀랐다고 해. 평범한 언어 치료사가 왕실의 훈장을 받게 되었기 때문이지. 그뿐이 아니야. 대관식장에는 로그를 위한 자리도 마련되었는데, 왕실 가족들에게만 허락된 귀빈석이었어.

조지 6세가 이렇게 신임하는 로그의 헌신적인 노력 덕분이었을까? 조지 6세는 대관식을 훌륭하게 치러냈어.

같은 날 로그가 쓴 일기를 한번 들여다볼까?

> 트럼펫 소리가 울려 퍼진 후 곧이어 왕의 행렬이 시작됐다. 화려한 행렬의 맨 끝에는 내가 10년 동안 성심을 다해 모셔 온 분이 걸어오고 계셨다. 다소 긴장한 듯 보였지만, 머리끝에서 발끝까지 완벽한 왕이셨다. 이 분이 곧 영국의 왕이 된다는

사실에 감격스러움을 느꼈다.

조지 6세는 대관식 날 저녁, 국민들을 향해 보내는 연설도 멋지게 해냈어. 영국 곳곳에는 라디오를 통해 낭랑한 조지 6세의 목소리가 울려 퍼졌단다.

왕세자의 지위에 오르기 전까지 조지 6세는 '앨버트■ 왕자', 혹은 '요크 공작'이라고 불렸어. 왕자인 것은 알겠는데 공작이라고 부른 이유는 뭐냐고? 영국에서는 왕의 자리에 오르지 않는 왕자들이 성인이 되면 최고 귀족의 지위(공작)를 내려 주곤 했거든. 당시 왕세자는 첫째 아들인 데이비드였지.

얼굴도 잘생기고 성격도 활발한 형 데이비드와 달리, 조지 6세는 내성적인 데다 부끄럼이 많고 말까지 심하게 더듬었어. '왕(King)'이라고 말하다 더듬을 것이 걱정되어 공식 석상에서는 아버지를 '폐하(Highness)'라고 부를 정도였으니 가장 싫어하는 일이 사람들 앞에서의 연설인 것이 당연했단다.

그런데 조지 6세는 왜 말더듬이가 되었을까? 사실 조지 6세는 어릴 때부터 여러 가지 지병을 갖고 있었어. 게다가 왕실의 엄격한 생활이 잘 맞지 않았고 말이야. 왼손잡이에다 안짱다리■였던 조지 6세는 매일 오른손을 쓰도록 강요당하고 밤낮없이 다리에 철제 부목을 대고

■ **앨버트** 조지 6세의 본명. '조지 6세'는 같은 가문에서 '조지'라는 이름을 여섯 번째로 사용한다는 의미.
■ **안짱다리** 안쪽으로 휜 다리.

조지 6세의 어릴 적 사진이야. 오른쪽에는 할아버지 에드워드 7세가 서 있고, 왼쪽에는 아버지 조지 5세와 형이 서 있어. 이때까지만 해도 자신이 왕이 될 줄은 꿈에도 몰랐겠지?

있었다고 해. 게다가 말이 어눌해서 '버벅 버티▪'라며 놀림을 당하기도 했어. 아버지는 조지 6세가 말을 더듬을 때마다 "말을 내뱉어!" 하고 무섭게 소리를 질렀다는구나. 어린 나이에 이 모든 걸 감당해야 했으니 세계 최고의 언어 치료사들이 따라다녀도 언어 장애는 점점 더 악화되기만 했단다.

조지 6세는 되도록 연설을 하지 않으려 노력했지만 어디를 가든 사람들은 왕족의 멋진 연설을 듣고 싶어 했어. 그러다 일이 터졌단다.

1925년, 아버지의 명령으로 웸블리 스타디움에서 열리는 대영제국 박람회 폐막식의 연설을 맡게 된 거야. 이 행사는 라디오로 전국에 중

▪ **버티** 앨버트의 애칭.

계되고 있었지. 너무나 긴장한 조지 6세는 말을 더듬다 못해 연설을 제대로 끝내지도 못했단다. 소문으로만 들었던 조지 6세의 언어 장애를 전 국민이 생생하게 듣게 된 거야.

박람회 폐막식 이후 조지 6세는 더욱 의기소침해졌어. 보다 못한 조지 6세의 아내는 한 번만 더 언어 치료를 받아 보자고 했단다. 조지 6세는 그 제안을 거절했어. 더 이상 치료로 고통받거나 상처받고 싶지 않았거든. 하지만 간곡한 설득 끝에 조지 6세는 라이오넬 로그를 찾아가게 된단다.

라이오넬 로그는 독특한 치료법으로 이름이 알려진 언어 치료사였어. 호주에서 태어난 로그는 웅변과 연극에 관심이 많은 사람이었다고 해. 웅변 교사로 학생들을 가르치기도 했지. 그러다 1924년에 영국으로 건너온 뒤, 런던에 자리를 잡고 언어 장애를 겪는 사람들을 치료해 왔단다. 조지 6세 부부를 만난 로그는 다짜고짜 질문부터 던졌어.

"언제부터 말을 더듬으셨죠?"

"네, 네, 네댓 살 때부터 그랬다고 들었소."

"혼자 중얼거릴 때도 말을 더듬나요?"

"다, 다, 당연히 아니오."

"원인이 뭐라고 생각하세요?"

"모, 모, 모르겠소. 나, 나는 어릴 때부터 '쿼터(Quarter, 15분)'라는 단어와 '킹(King, 왕)', '퀸(Queen, 여왕)'을 마, 말하는 게 느, 늘 어, 어려웠소."

"제가 고쳐 드릴 수 있을 것 같습니다. 하지만 본인의 엄청난 노력 없이는 성공할 수 없음을 명심하세요."

상담을 마친 로그는 조지 6세의 진료 기록 카드에 다음과 같이 적어 놓았어.

> 정신은 지극히 정상. 체격은 좋은 편이지만 허리선이 약한 편임. 호흡도 양호한 상태. 그러나 폐 아래쪽 횡격막을 전혀 사용하지 않고 있음. 언어 장애와 심리적 요인으로 인해 신경이 극도로 날카로워져 복부의 기관 조절의 문제로 나타난 증상인 것 같음.

진단을 내린 로그는 조지 6세에게 몇 가지 조건을 내세웠어. 매일 한 시간씩 치료하되 장소는 진료실이나 로그의 집에서 할 것, 로그를 믿고 따를 것, 왕족이라고 예외를 바라지 말 것.

왕족으로 대접받고 자란 조지 6세는 로그의 태도가 무례하게 느껴졌지만 믿고 따르기로 했어. 언어 장애를 치료하고 싶은 마음이 그만큼 컸기 때문일 거야. 한편으로는 언어 장애를 고칠 수 있다고 자신 있게 말하는 로그에게서 희망을 느꼈기 때문일지도 몰라.

로그는 조지 6세에게 자신이 개발한 다양한 숨쉬기 방법을 연습시켰어. 창문을 열어 놓은 뒤 15초씩 차례차례 모음을 말하는 훈련도 시켰지. 조지 6세는 아무리 바빠도 로그의 훈련을 거르지 않았어.

집중 치료가 시작되고 7개월 후, 조지 6세 부부는 공작의 자격으로 해외 순방길에 올랐어. 호주와 뉴질랜드를 6개월이나 돌아보는 긴 여행길이었지. 만찬과 환영식, 가든파티, 무도회 등 여러 공식 행사에서 연설도 해야 했어. 순방길에 오르기 전 조지 6세는 로그에게 다음과 같은 편지를 보냈단다.

> 친애하는 로그, 내 언어 장애를 고치기 위해 도와준 모든 것에 정말 감사하오. 선생은 내가 훈련을 무리없이 해낼 수 있도록 많은 도움을 주었소. 선생이 낸 과제와 훈련을 열심히 하다 보면 다시는 말을 더듬던 과거로 돌아가는 일이 없을 것이라고 생각하오. 이제는 자신감이 생겼다오.

실제로 조지 6세의 언어 장애는 상당한 치료 효과를 나타내고 있었어. 순방길에 열린 행사에서도 막힘없이 연설을 해냈지. 조지 6세는 순방 중에 또 다시 편지를 보냈어.

> 친애하는 로그, 여기 온 이래 놀랍게도 말이 끊긴 적이 한 번

도 없다오. ……내가 '킹'을 말하기 얼마나 두려워하는지 알 거요. 그러나 이제는 말하는 것이 두렵지 않소. 지금은 매일 저녁 식사 때마다 그 단어를 말하고 있소.

몰라보게 좋아진 조지 6세의 말솜씨에 신문들도 일제히 '요크 공작이 2년 전에 비해 자신감 넘치고 점점 더 유창한 연설가로 변신하고 있다.'며 급성장한 연설 실력을 기사화하기도 했단다.

조지 6세가 언어 장애를 극복해 갈 무렵, 뜻밖의 일이 일어났어. 왕이 된 데이비드 왕세자, 즉 에드워드 8세가 왕위에서 물러나겠다는 폭탄선언을 한 거야. 이혼 경험이 있는 미국인 심슨 부인과 사랑에 빠졌는데, 전통을 중시하는 영국은 그녀를 왕비로 받아들이지 않았거든. 결국 에드워드 8세는 왕위를 포기하고 사랑을 선택했단다.

'내가 왕이 될 운명이라면 당당히 맞서 보자. 나를 도와주는 벗들과 함께한다면 국민들이 자랑스러워하는 왕이 될 수 있을 거야!'

왕의 자리를 받아들이기로 한 조지 6세는 다시 로그를 찾았어. 왕이 되면 하루에도 몇 번씩 치러야 할 중요한 업무가 바로 사람들 앞에서 연설하는 일이었으니까. 로그가 도와준다면 잘 해낼 자신이 있었고, 로그 역시 기뻐하며 치료를 맡았어. 그리고 예상대로 조지 6세는 성탄절 축하 방송에서도 매끄러운 연설로 이전과는 달라진 모습을 보여 주었지. 조지 6세는 로그의 손을 잡고 이렇게 말했어.

"로그, 정말 고맙소. 그대가 곁에 있어 나는 참 운이 좋은 사람이오."

그렇게 왕이 된 조지 6세는 3년 후, 생애에서 가장 중요한 연설을 하게 된단다. 제1차 세계 대전을 일으켰던 독일이 폴란드를 침공하자 영국도 독일과의 전쟁을 선포했거든.

"이 암울한 시기가 어쩌면 우리 역사에서 가장 중요한 시기가 될지도 모릅니다. 저는 국내외에 있는 우리 국민들의 모든 가정에 이 메시지를 전하고자 합니다. 우리는 여러 차례 적국과의 갈등을 평화롭게 해결하려고 노력했지만, 결국 전쟁을 피할 수 없게 되었습니다. 힘들고 어두운 날들이 오래 지속될 수도 있습니다. 하지만 굳은 결의로 신념을 잃지 않는다면 신의 은총으로 우리는 전쟁에서 승리할 것입니다."

조지 6세의 진심이 담긴 연설은 영국 국민들의 마음을 울렸어. 게다가 조지 6세는 제2차 세계 대전 중 독일군의 폭격이 이어지는 동안 전쟁을 피해 도망치지 않고 국민의 곁에서 늘 함께했단다. 국민들은 그런 왕에게 존경과 사랑을 보냈지. 조지 6세는 더 이상 부끄러운 말더듬이 왕이 아니었던 거야. 그리고 그 곁에는 언어 치료사이며 가장 가까운 벗으로 왕을 보좌하는 로그가 있었단다.

서로 다른 위치에서 함께 새로운 세상을 꿈꾼 친구

마르크스와

Karl Heinrich

엥겔스

Marx & Friedrich Engels

　19세기 독일, 당시 대도시에는 산업 혁명[■] 이후 폭발적으로 늘어난 공장에서 적은 돈을 받으며 근근이 살아가는 노동자들이 넘쳐났어. 그들의 생활은 말로 표현할 수 없을 정도로 비참했어. 가난한 아이들의 생활은 더 참담했고 말이야.

　'하루 12시간씩이나 뼈 빠지게 일을 해도 영양실조에서 벗어나기 힘들다니 너무나 끔찍한 일이야. 더구나 어린아이까지 힘든 노동을 하다니! 세상이 잘못 돌아가고 있어.'

　독일의 본 대학에서 법학을 공부하던 한 청년은 가난과 굶주림에 시달리고, 억울하게 수탈당하는 사람들에게 깊은 관심을 가졌어. 고민 끝에 청년은 베를린 대학으로 옮겨 철학을 공부하기 시작했지. 사

■ **산업 혁명** 18세기 후반 영국에서 사람의 손이 아닌 기계를 이용한 생산 시설을 갖추면서 시작된 산업적 변화를 가리키는 말.

공장이 들어선 독일 어느 도시의 1850년대 풍경이야. 산업 혁명 이후 도시 곳곳에 세워진 공장마다 독한 연기와 악취 나는 폐수를 내보내는 바람에 도시는 사람이 살기 어려운 곳으로 오염되어 갔어.

람과 세상에 대해 좀 더 깊이 있게 이해한 뒤 잘못된 세상을 바로잡을 대안을 찾고 싶었거든.

이처럼 장한 생각을 한 청년이 바로 세계적인 사상가 카를 마르크스야. 사람들에게는 공산주의▪ 사상을 정립한 사람으로 유명하단다. 1세기 정도는 전 세계 인구의 절반이 공산주의 국가에서 살았을 만큼 인류 역사에 커다란 영향을 끼쳤어.

그런데 마르크스를 이야기할 때, 바늘과 실처럼 따라붙는 이름이 있어. 바로 엥겔스야. 마르크스를 이야기할 때는 엥겔스를, 엥겔스를 이야기할 때는 마르크스를 떼놓을 수 없을 정도지. 두 사람은 공산주의 사상과 이론을 만들고, 《공산당 선언》을 함께 썼으며, 평생 특별한 친구로 지냈어. 역사가들은 마르크스가 엥겔스를 만나지 못했다면 마르크스의 열정과 이상은 결코 꽃을 피우지 못했을 거라고 말하기도 해.

▪ **공산주의** 재산의 공동 소유, 생산 수단의 사회화, 계급 없는 사회 등을 지향하는 사상이나 운동.

그런데 같은 꿈을 꾸고, 같은 생각을 할 정도로 닮았던 두 사람은 정작 매우 다른 환경에서 자랐단다. 마르크스는 보수적인 집안에서 엄격하게, 엥겔스는 비교적 개방적인 집안에서 자유롭게 자랐거든. 두 사람은 어떻게 같은 꿈을 꾸고 같은 생각을 하게 되었을까?

마르크스는 독일의 트리어에서 대대로 유대교 제사장을 지낸 집안에서 태어났어. 매우 보수적이면서도 엄격한 집안이었지. 게다가 당시에는 유대인들이 사회적으로 많은 제약을 받고 있었기 때문에 어린 마르크스는 무척 위축된 생활을 해야 했어. 다행히 마르크스의 아버지가 기독교로 개종한 덕분에 청년 시절은 자유롭게 보낼 수 있었지.

아버지처럼 변호사가 되기 위해 법학을 공부하던 마르크스는 과학 기술이 발전하는데도 대다수 사람들의 생활이 나아지지 않는 것은 사회 구조가 잘못되었기 때문이라고 생각하기 시작했어. 특히 공장에서 벌어들인 돈의 대부분을 공장주 혼자 가져가는 게 불공평하다고 생각했지. 그래서 좋은 해결 방법을 고민하기 시작했단다.

한편, 엥겔스는 독일의 바르멘에서 방적 공장을 경영하는 부잣집의 맏아들로 태어났어. 엥겔스의 가족들은 부유한 사업가와 존경받는 성직자로 남부럽지 않은 생활을 하고 있었지. 이렇게 넉넉하고 여유로운 집안에서 엥겔스는 일찍부터 외국어를 배웠어. 세상을 살아가는 데 필요한 지식을 가르친다는 엥겔스 집안의 실용 교육 덕분이었지.

그 때문에 엥겔스는 모국어인 독일어는 물론 프랑스어, 영어, 이탈리아어, 스페인어 실력도 뛰어났단다.

엥겔스는 오늘날의 중학교 격인 김나지움을 졸업하자마자 공장에서 일하며 경영을 공부했어. 엥겔스는 공장주의 아들이면서도 으스대거나 특권을 누리지 않았고 노동자들과 친하게 지내며 별다를 것 없이 생활했어.

남달리 친화력이 좋고 정의로운 성격 덕분에 노동자들도 스스럼없이 엥겔스와 친구가 되었지. 엥겔스의 이런 성장 환경은 훗날 마르크스와의 연구 활동에 커다란 도움이 되었단다. 누구보다 노동자들의 생활을 잘 알고 있었고, 마르크스와 함께 쓴 책이 외국에 소개될 때 오류 없이 번역되도록 했거든.

서로 다른 환경에서 자란 마르크스와 엥겔스가 처음 만난 건 1842년 2월 라인신문사의 편집실에서였어. 엥겔스가 어떤 일로 당시 〈라인신문〉의 편집장으로 일하던 마르크스를 찾아갔거든. 그때 마르크스는 엥겔스를 사회적 견해가 전혀 다른 사람으로, 엥겔스는 마르크스를 깐깐하고 거만한 사람으로 오해했기 때문에 서로 좋지 않은 첫인상을 받고 말았단다.

그러다 2년 후, 파리에서 두 사람은 우연히 마주치게 되었어. 뜻밖의 장소에서 뜻밖의 사람을 만났으니 처음에는 서먹할 수밖에 없었지. 하지만 안부를 묻고, 차를 마시고, 이야기를 나누기 시작하면서 두 사람의 표정은 조금씩 변하기 시작했어.

"프랑스 혁명으로 시민들이 권력을 가졌다고 하지만 정작 사회의 주인은 부르주아▪가 되었다네. 목숨 걸고 혁명에 나섰던 가난한 농민이나 노동자들은 또다시 억압받는 신세가 되었지."

"맞네! 부르주아는 국가까지 조종하고 있지. 세상에! 이렇게 똑같은 생각을 하는 사람을 만나다니 정말 반갑네."

마음이 맞은 두 사람은 파리에 머무르는 동안 거의 매일 만나 토론을 벌였고 오래지 않아 형제처럼 가까운 친구가 되었어. 실제로 마르크스는 어릴 때 죽은 자기 동생과 놀라울 정도로 닮은 엥겔스를 동생처럼 여겼다고 하니, 형제나 다름없는 사이가 된 거야.

마음과 뜻이 통하고 나니 두 사람의 서로 다른 성격은 오히려 큰 도움이 되었어. 마르크스는 이론에 강한 학구파인 반면 엥겔스는 몸으로 실천하는 행동파였거든.

마르크스가 책에 파묻혀 이론을 연구하는 동안 엥겔스는 현장에 나가 조사하는 일을 맡아 했어. 원칙적이고 고집이 센 마르크스가 이론의 뼈대를 만들면, 자유롭고 유연한 엥겔스가 풍성하게 살을 붙였고 말이야. 물론 경제적으로 여유로운 엥겔스가 가난한 마르크스를 돌보기도 했어. 그렇게 두 사람은 서로의 장점으로 단점을 보완하면서 같은 꿈을 꿀 수 있었단다.

▪ **부르주아** 자본금으로 경영을 하고, 이윤을 내는 사람들을 계급으로 나누어 가리키는 말.

파리에서의 만남은 엥겔스가 독일로 돌아가면서 아쉽게 끝나게 돼. 엥겔스의 집에서 공장 운영에 문제가 생겼으니 하루빨리 돌아오라는 전갈이 왔거든. 단짝이 되어 붙어 지내던 두 사람은 몹시 아쉬웠지만 계속 연락할 것을 약속하며 헤어졌어.

이후 두 사람은 편지를 주고받으며 토론을 이어 나갔어. 특히 사회를 개혁하는 데 부정적인 철학자들을 신랄하게 비판하는 의견을 모았지. 이후 1844년 10월, 바르멘에서 엥겔스가 독일어로 20쪽 분량의 글을 써 마르크스에게 보냈고, 몇 주 뒤에 마르크스가 300쪽 분량의 글을 보내왔어. 엥겔스는 다시 자신의 의견을 마르크스에게 보냈고, 이런 과정 끝에 보수적인 독일 철학자들을 비판하는 《성가족》이라는 책이 나왔단다. 두 사람이 이룬 첫 결실이었지.

그런데 인쇄한 책의 잉크가 채 마르기도 전에 마르크스는 갑작스러운 시련과 맞닥뜨려야 했어. 프랑스 정부로부터 추방 명령을 받은 거야. 마르크스가 독일을 떠나 파리에 머물렀던 이유가 정부를 비판했다는 이유로 쫓겨났기 때문인데 말이야. 두 나라로부터 추방 명령을 받아 궁지에 몰린 마르크스는 눈앞이 캄캄했어. 망명자로 안정된 직업을 구하지 못한 채 살다 보니 형편이 나빠질 수밖에 없었는데, 추방 명령을 받을 무렵에는 프랑스를 떠날 비용조차 마련할 수 없을 정도로 가난했거든. 마르크스의 사정을 알게 된 엥겔스는 주저 없이 돈과 편지를 보냈어.

마르크스! 자네를 위한 후원금을 모았네. 여기 750탈레르를 보내니 즉시 브뤼셀로 가게. 타국 생활의 어려움을 해결할 수 있을 정도로 충분하지는 않겠지만 적어도 당분간은 자네 부인과 딸을 돌보며 버틸 수 있을 걸세.

마르크스는 엥겔스의 배려가 고마웠어. 대부분의 사람들은 정치적인 문제로 쫓겨난 사람을 도왔다가 행여 자신에게 불똥이라도 튈까 모르는 척하거나 오히려 더 크게 손가락질을 했거든.

마르크스는 무사히 벨기에의 브뤼셀로 향했고, 2개월 뒤에는 엥겔스도 브뤼셀로 이사를 했어. 엥겔스는 기자이자 작가로 일하면서 형편이 어려운 마르크스를 곁에서 도와주었지. 자신의 집 바로 옆에 마르크스의 집도 얻어 주었어. 담 하나를 두고 살면서 한층 더 가까워진 두 사람은 본격적으로 함께 활동하기 시작했단다.

마르크스와 엥겔스는 함께 활동하는 동안 영국으로 건너가 노동계의 지도자들을 만나고, 맨체스터에 있는 엥겔스 집안의 공장을 방문하며 두 사람의 생각과 주장을 다듬어 나갔어. 1845년 9월부터는 자신들의 생각을 담아 《독일 이데올로기》를 썼어. 내용이 너무나 급진적이어서 받아 주는 출판사는 없었지만, 두 사람은 굴하지 않고 계속 연구하며 결과물을 만들어 냈단다.

그리고 1848년, 드디어 두 사람의 이름을 세계에 알린 《공산당 선언》이 발표되었어. 마르크스와 엥겔스는 이 책을 통해 자신들의 생각을 좀 더 체계적으로 정리하여 세상에 알렸단다. 여기서 잠깐 두 사람의 주장을 들어 볼까?

> 사람들은 아주 오래 전부터 살아가는 데 필요한 식량과 물건을 생산하는 경제 활동을 해 왔다. 그 과정에서 자연스럽게 가진 자와 못 가진 자, 지배하는 자와 지배받는 자의 계급이 생겨났다. 가진 자와 지배하는 자란 땅 주인이나 공장 주인을 뜻하고, 못 가진 자와 지배받는 자란 소작농이나 노동자를 뜻한다. 이 두 계급은 끝없이 싸워 왔지만 불공평하게도 못 가진 자와 지배받는 자는 언제나 차별받고 억압받았다. 이들을 프롤레타리아라고 한다. 프롤레타리아들은 힘을 합쳐 더 큰 힘을 만든 다음 공평한 사회를 만들어야 한다.

마르크스와 엥겔스는 농민이나 노동자들이 세력을 모아 사회를 변화시켜야 한다고 믿었단다. 두 사람의 이 같은 주장이 훗날 공산주의 국가가 탄생하는 데 영향을 끼치게 되지.

《공산당 선언》 발표 이후 마르크스는 경제 문제를 좀 더 깊이 연구하기 시작했어. 이번에는 엥겔스의 도움을 받지 않고 혼자 힘으로 이론을 정리했지. 하지만 책의 내용은 엥겔스와 함께 정립한 사상을 바탕으로 했어. 그 결과 《자본론》이라는 책이 세상에 나왔어. 《자본론》은 자본주의▪의 경제 원리를 비판적으로 분석하고 전망한 책이야. 마르크스는 이 책을 통해 자본주의 체제가 결국 몰락하게 될 것이라고 주장했어.

당시에는 자본주의 경제를 체계적으로 분석한 연구서가 없었기 때문에 이 책은 나오자마자 뜨거운 화제가 되었어. 학자들 사이에서는 논란이 벌어졌고, 사회주의▪ 사상을 가진 사람들에게는 이 책이 꼭 읽어야 할 이론서가 되었지.

하지만 마르크스와 엥겔스는 자본주의 체제에 대해 지나치게 어두운 전망을 한 것 같아. 오늘날 사라지고 있는 것은 자본주의 국가가 아니라 공산주의 국가이니 말이야.

마르크스는 역사의 물줄기를 바꾸었다고 할 만한 사상을 만들어 냈지만 정작 자신은 매우 힘들게 살았어. 정부의 탄압을 받는 바람에 유럽 곳곳을 떠돌아다녔고, 이렇다 할 직업도 갖지 못했지. 마르크스에게는 모두 여섯 명의 자식이 있었는데, 그 가운데 세 명은 어린 시절에 죽었고 부인과 큰딸은 오랫동안 병에 시달려야 했단다. 마르크스의 생활이 얼마나 어려웠는지는 엥겔스에게 보낸 편지에도 잘 나타나 있어.

▪ **자본주의** 자본을 가진 사람이 이윤을 위하여 생산 활동을 하도록 보장하는 사회 경제 체제.
▪ **사회주의** 생산 수단을 사회화하여 자본주의 제도의 모순을 극복한 사회 제도를 실현하려는 사상이나 운동. 공산주의를 포함하는 넓은 개념.

> 나는 돈 때문에 곤란을 겪으면서도 돈에 대해 글을 쓰고 있
> 네. 아마도 이런 경우는 일찍이 없었을 거야. 자본에 관한 책
> 을 썼던 사람들은 모두 자본과 친했던 이들이었으니까.

 마르크스가 이 편지를 쓸 때가 바로《자본론》을 쓰고 있던 시절이었어. 세상을 움직이는 돈(자본)에 대해 누구보다 날카로운 분석을 하고 있었지만, 정작 자신은 돈이 없는 가난뱅이였던 거야.
 부잣집 아들이고 직업이 있었던 엥겔스는 언제든 주저하지 않고 마르크스를 도왔지. 생활비는 물론이고 마르크스의 가족을 살피고 돌보

마르크스의 세 딸과 찍은 엥겔스와 마르크스의 사진이야. 마르크스의 딸들은 언제나 따뜻하게 챙기고 돌봐주는 엥겔스를 삼촌처럼 따랐다고 해.

는 일도 마다하지 않았어.

 마르크스가 너무 뻔뻔하지 않느냐고? 자존심 강한 마르크스가 자신의 어려운 처지를 털어놓고 도움을 받을 수 있었던 건 그만큼 엥겔스를 신뢰했기 때문이야. 엥겔스는 생활이 넉넉했지만 공산주의자였기 때문에 돈이나 재산에 연연하지 않았고 말이야. 게다가 엥겔스는 마르크스를 형제보다 더 사랑했단다.

 평생의 역작으로 생각하며 쓰던 《자본론》의 1권만 완성한 채 마르크스는 세상을 떠났어. 아내의 무덤이 있는 영국 런던의 하이게이트 묘지에 묻혔는데, 장례식에는 고작 11명의 사람들이 참석했어. 불공평한 세상을 비판하면서 가난하고 핍박받는 사람들을 위한 세상을 연구했던 사상가의 장례식 치고는 너무나 초라했지.

 엥겔스는 마르크스의 딸들을 돌보며 남은 원고를 모아 《자본론》 2권과 3권을 펴냈어. 뿐만 아니라 흐지부지 잊혀진 마르크스의 책이나 글, 신문 기사 등을 모아 세상에 다시 내놓았지. 물론 마르크스와 엥겔스가 꿈꿨던 이상적인 사회는 공산주의의 실패와 더불어 사라지고 말았어. 한때는 세상의 절반에 달하는 사람들이 그들이 제시한 사회를 꿈꾸기도 했지만 결국 그 누구도 실현시키지 못한 거야. 이렇게 두 사람의 분석이나 전망은 빗나가고 말았지만 자본주의의 문제점을 가장 날카롭게 지적한 사상가들이라는 점만은 바뀌지 않았단다.

동등한 왕으로 서로 존중하고 사랑한 부부

이사벨 1세와

Isabel 1 &

페르난도 2세

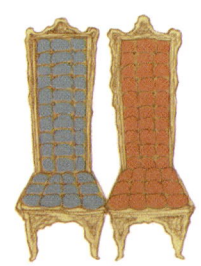

　여자가 남자에게 먼저 청혼하는 것에 대해 어떻게 생각하니? 좋아하는 마음만 있다면 누가 먼저 하든 상관없다고? 그래, 남녀가 평등한 요즘 세대다운 답변이구나. 그런데 말이야, 불과 몇십 년 전만 해도 여자가 먼저 청혼하는 일은 드물었단다.

　그런데 시간을 더 거슬러 올라가면 여자가 먼저 사랑을 고백하거나 청혼하는 일은 상상조차 할 수 없었어. 대부분의 여자들은 집안의 남자 어른들이 시키는 대로 결혼해야 했거든. 심지어 중세 시대 유럽의 귀족 사회에서는 결혼이 '거래'처럼 이루어졌어. 권력을 가진 집안이 돈을 가진 집안과 사돈 관계를 맺어 세력을 키우는 식이었지. 이런 거래는 왕실이라고 해서 예외가 아니었어. 특히 공주들은 왕실을 위해 이용되는 것이 당연했단다.

　사랑 없는 결혼도 안타까운데 여자들에게는 의견조차 물어보지 않았으니 너무 부당한 일이지? 그런데 이처럼 부당한 관습에 당당히 맞선 용감한 여자가 있었어. 바로 에스파냐(스페인의 옛 이름)의 통일을 이끌어 낸 이사벨 1세 여왕이야. 당시 이베리아 반도˙는 마치 삼국 시대의 한반도처럼 카스티야, 아라곤, 그라나다, 포르투갈 등 네 나라로 갈라져 있었어. 이사벨은 이베리아 반도의 중부 지역에 자리한 카스티야의 공주였지. 이사벨은 배다른 오빠이자 카스티야의 국왕이 된 엔리케 4세의 결혼 명령을 거부했단다. 엔리케의 명령에 따른다면 강대국인 포르투갈의 늙은 왕에게 시집가야 했거든.

　이사벨은 평생 자신과 함께할 신랑감은 직접 고르기로 마음먹었어. 그래서 비밀리에 유럽 여러 나라의 왕과 왕자들에 대해 알아보았지. 여러 후보들 중에서 이사벨의 눈에 띈 사람은 이웃나라 아라곤의 왕자 페르난도. 비록 프랑스나 포르투갈처럼 강대국의 왕족은 아니었지만 똑똑하면서도 멋진 외모를 가진 젊은이였어. 이사벨은 마음을 굳히고 페르난도 왕자에게 편지를 썼단다.

　　아라곤의 왕자 페르난도에게.
　　정략결혼의 희생양으로 제 마음과는 상관없이 치러지는 결혼은 하고 싶지 않습니다. 저와 함께 카스티야와 아라곤의

■ **이베리아 반도** 스페인과 포르투갈이 있는 유럽 남서부의 반도.

미래를 만들어 가지 않으렵니까?

왕가의 공주는 국가의 이익에 따라 정략결혼을 하는 게 일반적이었던 당시로서는 대단히 파격적인 청혼서였어. 만약 이사벨이 공개적으로 청혼서를 보내려고 했다면 카스티야 왕실과 귀족들의 반대에 부딪혀 끝내 좌절하고 말았을 거야. 실제로 이사벨이 페르난도에게 청혼서를 보냈다는 사실이 알려지자 온 나라가 경악에 빠졌단다. 이사벨은 병사들의 감시를 받으며 외출 금지 상태에 놓이기도 했지. 하지만 이사벨은 굴하지 않았어. 이사벨은 자신의 인생뿐 아니라 카스티야의 운명도 스스로 개척해 나가겠다는 신념을 더욱 굳히고 있었단다.

청혼서를 받은 페르난도의 반응은 어땠을까? 페르난도의 입장에서 보면 이사벨의 행동에 불쾌감을 느낄 수도 있었어. 관습을 벗어난 당돌한 행동을 탓하며 청혼서를 되돌려 보낼 수도 있었고 말이야. 하지만 페르난도는 그러지 않았어. 이사벨의 청혼서는 젊고 패기 넘치는 왕자에게 신선한 충격으로 다가왔거든.

게다가 페르난도는 이미 이사벨 공주에 대해 잘 알고 있었어. 총명하고 아름다운 카스티야 공주에 대한 소문이 이베리아 반도의 여러 나라에 퍼져 있었으니까. 페르난도는 운명을 스스로 개척하려는 용기 있는 공주에게 한층 더 깊은 매력을 느끼게 되었단다. 마침내 페르난도는 이사벨에게 다음과 같은 답장을 보냈어.

> 아름다운 카스티야의 보석, 이사벨 공주에게.
> 선량하고 지혜로운 당신의 의지에 찬사를 보내오. 나 역시 정략결혼으로 마음이 맞지 않는 이와 함께하는 것에 반대하오. 서로에 대한 사랑과 배려로 카스티야와 아라곤의 미래를 만들어 가자는 당신의 뜻에 동의하오.

페르난도가 보낸 것은 편지뿐이 아니었어. 혼인 서약서와 함께 결혼을 약속하는 정표로 아름다운 목걸이를 보냈지. 용기 있게 편지를 보내기는 했지만 내심 불안했던 이사벨은 혼인 서약서와 함께 결혼 예물이 도착하자 날아갈 듯 기뻤단다.

하지만 두 사람이 혼인 서약서를 주고받았다고 해서 결혼이 성립되는 것은 아니었어. 왕실 간의 결혼은 당사자만 원한다고 해서 이루어지는 것이 아니었기 때문이야. 특히 이사벨은 페르난도와 결혼하기 위해 국왕인 엔리케를 비롯해 많은 귀족 세력과 맞서야 했어.

당시 카스티야는 왕보다 더 큰 권력을 가진 귀족 세력의 부정과 횡포로 나라 살림이 가난해지고 백성들은 굶주림에 허덕이고 있었단다. 엔리케는 이런 혼란을 극복할 힘이 없는 무능한 왕이었지. 누이동생을 포르투갈의 늙은 왕에게 시집보낸 대가로 지원을 받으려던 계획이 틀어지자 엔리케는 불같이 화를 내며 이사벨이 페르난도와 연락을 주고받지 못하도록 외부와 차단하고 일거수일투족을 감시했어.

하지만 엔리케의 반대와 감시는 두 사람의 사랑을 막지 못했단다. 이사벨은 보초를 선 경비병을 피해 성을 탈출했고, 페르난도는 상인으로 변장한 뒤 몰래 병사들을 이끌고 카스티야로 들어와 결혼식을 올렸어. 당시 가톨릭 교회는 독실한 신자였던 두 사람의 결혼을 지지해 주었고, 두 사람은 결혼식장에 모인 많은 사람들 앞에서 평등한 부

부로서 서로 사랑하며 살겠다고 약속했지. 열여덟의 아름다운 공주 이사벨과 열일곱의 패기 넘치는 왕자 페르난도는 그렇게 연인이자 부부가 되었단다.

5년 후, 엔리케 4세가 세상을 떠난 뒤 이사벨이 국왕의 자리에 올랐어. 남편인 페르난도는 자연스럽게 공동 통치자의 대접을 받게 되었지. 물론 이사벨이 여왕 자리에 오르기까지의 과정이 순탄했던 것은 아니야. 당시 카스티야 왕실에는 왕위를 이을 만한 남자 왕족이 없었어. 엔리케의 자식은 딸만 있었고, 엔리케의 배다른 동생이자 이사벨의 친동생인 알폰소 왕자도 일찍 죽었기 때문이지. 그러니 왕위 계승권은 여자 왕족에게 돌아갈 수밖에 없었어. 카스티야의 많은 귀족들은 일찍이 왕이 될 자질을 보인 이사벨 공주를 지지했는데, 엔리케의 딸인 후안나 공주가 자신에게 우선권이 있음을 내세우며 반기를 들었지. 이사벨과 페르난도가 공동 군주(왕)가 된 이후 첫 번째 반란이 일어난 거야.

당시 페르난도는 아라곤에서 일어난 반역을 해결하기 위해 이사벨의 곁을 떠나 있었어. 이사벨은 홀로 군대를 이끌고 후안나의 반란군과 싸우기 위해 전쟁터에 나섰지. 이사벨은 여자의 몸이었지만 누구보다 용맹했어. 여왕으로서 카스티야 왕실의 위엄을 보이며 전쟁터 한복판에 뛰어들었단다.

하지만 반란군의 저항은 만만치 않았어. 후안나의 반란군은 포르투갈의 후원을 받고 있었기 때문에 군사력도 강했단다. 전쟁은 의욕과 용맹만으로 이길 수 있는 것이 아니야. 특히 지도자는 전술과 전략에 밝고 전쟁을 이끈 경험이 풍부해야 하는데, 이사벨은 오랫동안 나랏일에서는 배제된 채 공주로 살았기 때문에 부족한 점이 많았단다. 날이 갈수록 반역 세력에게 패하는 일이 잦아지자 군사들의 사기도 떨어지기 시작했어. 이사벨은 점차 궁지에 몰리게 되었지.

바로 그때 남편인 페르난도가 이사벨에게 달려왔어. 페르난도는 아라곤에서 일어난 반역 사건을 정리하자마자 지원군을 이끌고 카스티야로 넘어왔단다. 이사벨은 말 그대로 천군만마를 얻게 되었어. 그녀는 전쟁 경험이 많은 페르난도의 도움을 바탕으로 지혜와 의지를 모아 카스티야의 첫 번째 반란군을 진압했지.

부부가 힘을 합해 반란군을 진압한 뒤 이사벨은 비로소 카스티야의 국왕으로 인정받게 된단다. 제때에 도와준 남편 페르난도가 없었다면 불가능한 일이었지. 페르난도는 아라곤의 반란을 진압한 공으로 왕자에서 시칠리아의 국왕으로 승격되기도 했어. 시칠리아는 지중해에 있는 섬인데, 지금은 이탈리아에 속해 있지만 당시에는 아라곤에 이어 카스티야의 지배를 받았던 곳이란다.

그런데 여기서 잠깐, 알아 두어야 할 것이 있어. 이사벨과 페르난도는 부부라고는 하지만 여느 나라의 부부와는 사뭇 다른 점이 있었단다. 이사벨은 카스티야의 여왕으로, 페르난도는 시칠리아의 국왕이자 아라곤의 왕자로서 각각 다스리는 나라가 달랐거든. 이사벨은 항상 카스티야를 다스리는 왕은 자신이라고 생각했고, 늘 여왕으로서의 위엄과 품위를 잃지 않았어. 페르난도 또한 이사벨을 존중하며 여왕의 남편으로 만족했지. 자신의 영역을 지키면서도 서로 사랑하는 부부. 오늘날에도 보기 힘든 '평등한 부부'의 모습이 참 멋지지 않니?

이사벨과 페르난도가 힘을 합쳐 나랏일을 돌보면서 카스티야는 점차 안정을 찾기 시작했어. 이사벨은 밤을 낮삼아 일하는 부지런한 여

이사벨과 페르난도의 동상이야. 동등한 군주로서 나란히 서 있어. 그런데 앞에 있는 남자는 누구냐고? 이사벨 여왕의 후원을 받아 신대륙을 찾으며 활약했던 콜럼버스란다.

왕으로 백성들의 절대적인 지지와 신임을 얻게 되지.

그런데 이즈음 아라곤의 국왕인 페르난도의 아버지가 돌아가셨다는 슬픈 소식이 전해진단다. 아버지의 뒤를 이어 아라곤의 국왕이 된 페르난도는 이사벨을 아라곤의 공동 통치자로 선포했어. 결국 이베리아 반도의 중요한 두 나라인 카스티야와 아라곤이 이사벨과 페르난도 부부의 공동 통치를 받게 된 거야.

이사벨과 페르난도는 새로운 꿈을 꾸기 시작했어. 그것은 카스티야와 아라곤, 시칠리아를 바탕으로 에스파냐를 통일하는 것이었어. 비록 강대국은 아니지만 그들이 다스리고 있는 단단한 세 나라를 기반으로 에스파냐를 통일하고, 나아가 이베리아 반도 전체를 지배하겠다는 웅대한 꿈이었지.

꿈을 이루려면 우선 이베리아 반도 남쪽에 있는 그라나다 왕국을 점령해야 했어. 당시 에스파냐는 여러 나라로 갈라져 있었지만 가톨릭을 믿는 나라로서 오랫동안 염원해 온 공동의 소망이 있었단다. 그것은 이베리아 반도에서 이슬람 세력을 몰아내는 일이었어. 800여 년 전 이슬람의 우마이야 왕조[■]는 이베리아 반도를 공격해 그라나다 왕국을 건설했는데, 그곳을 정벌하는 일이야말로 오랜 염원을 이루는 지름길이었던 셈이지.

하지만 그라나다 정복은 생각처럼 쉽게 이루어지지 않았어. 여러

■ **우마이야 왕조** 661년 무아위야가 시리아의 다마스쿠스 지역에 세운 이슬람 왕조. 중앙아시아는 물론 에스파냐까지 지배할 정도로 강력한 세력을 이루었다.

날에 걸쳐 전쟁을 치르던 페르난도는 병을 얻어 몸이 쇠약해졌는데, 그에 아랑곳하지 않고 강행군을 펼치다 급기야 탈진해 쓰러지고 만 거야. 전쟁 중에 군대를 이끌던 지도자가 쓰러졌으니 카스티야와 아라곤의 연합군 진영은 발칵 뒤집혔어. 병사들의 사기마저 바닥으로 떨어지자 그라나다를 정복하기는커녕 적군의 공격을 막아 내는 것조차 힘겨워졌지. 이대로 가다가는 수많은 병사들의 목숨만 희생하고 패할 것이 분명했어.

그때였어. 피가 튀고 사람이 죽는 전쟁터에 새하얀 망토를 두른 이사벨이 백마를 타고 나타났어. 마치 수호천사처럼 많은 지원군을 이끌고 페르난도가 쓰러진 병영을 찾아온 거야. 이사벨은 남편인 페르난도에게 이렇게 말했어.

"이제는 제가 당신과 병사들을 구할 차례예요."

이사벨은 페르난도는 물론 굶주림과 고통에 지친 병사들을 지극 정성으로 돌보았어. 그러고는 병사들을 한자리에 모이게 한 다음 카랑카랑한 목소리로 멋진 연설을 시작했지.

"용감한 병사들이여, 이 전쟁은 카스티야와 아라곤의 백성들을 위한 정의로운 전쟁입니다. 또한 이교도인 그라나다 백성들에게 하나님의 영광을 알리는 성스러운 전쟁입니다. 이제 가톨릭의 이름으로 그라나다에서 이교도를 추방합시다!"

연설을 들은 병사들의 가슴에는 용광로보다 뜨거운 열기가 차오르기 시작했어. 여자의 몸으로, 그것도 왕이라는 고귀한 신분을 가진 이사벨이 직접 말을 타고 최전방으로 달려온 모습을 보면서 병사들의 사기는 하늘을 찌를 듯 높아졌지.

페르난도 역시 감동하기는 마찬가지였어. 사랑스러운 아내이자 존경하는 동료이기도 한 이사벨로부터 커다란 힘을 얻었지. 페르난도와 병사들은 다시 자리를 털고 일어나 전쟁터로 나아갔어. 그러고는 너나할 것 없이 마지막 힘을 다해 싸워 마침내 승리를 거머쥐었지. 이사벨과 페르난도는 1492년, 에스파냐 통일의 커다란 관문이자 오랜 염원인 그라나다 정복에 성공했단다.

이후 이사벨과 페르난도는 서로 협력하며 카스티야와 아라곤을 공동 통치했어. 말 그대로 '연합 왕국'이 된 셈이지. 역사가들은 이사벨과 페르난도가 카스티야와 아라곤을 공동 통치한 것이 진정한 에스파냐의 통일은 아니라고 이야기해. 두 나라는 통일 국가가 아니라 서로 다른 왕이 다스리며 통치 방식이 다른, 강력한 동맹 국가로 봐야 한다는 거야. 실제로 이사벨과 페르난도는 각각 서로의 영역과 통치 방식을 존중했기 때문에 법률이나 제도를 별도로 운영했던 것이 사실이야. 하지만 두 왕국의 지도자가 부부의 인연을 맺은 뒤 이루어 낸 동맹과 연합이 훗날 에스파냐의 완전한 통일에 기초가 되었던 것만은 분명하단다.

부부 이사벨 1세와 페르난도 2세

편지를 주고받으며 서로를 보살피고 의지한 아버지와 딸

갈릴레오 갈릴레이와

Galileo Galilei

마리아 갈릴레이

"지구는 태양 주위를 돈다." 혹은 "물체의 무게에 상관없이 떨어지는 속도는 같다."와 같이 아주 중요한 과학 이론을 주장한 중세 시대의 과학자 갈릴레오 갈릴레이는 인류 역사에 커다란 발자취를 남겼어. 천재 과학자이자 호기심 많은 발명가였던 갈릴레오가 남긴 최고의 발명품은 단연 망원경. 덕분에 우리는 지구를 둘러싼 우주를 더 잘 관찰할 수 있게 되었단다.

그런데 사실 망원경을 처음 발명한 사람은 갈릴레오가 아니었어. 누가 최초로 만들었나에 대한 의견은 학자들마다 조금씩 다르지만, 네덜란드에서 시작된 것만은 분명하지. 1608년 이탈리아에 있었던 갈릴레오에게도 네덜란드에서 날아온 망원경 소식이 전해졌어.

'멀리 있는 물체를 눈앞에 있는 것처럼 볼 수 있다고? 오호, 그것 참 재미있겠는걸?'

호기심이 발동한 갈릴레오는 곧바로 망원경 연구에 들어갔어. 그러고 나서 1년이 채 흐르기도 전에 기존의 것과는 비교할 수 없을 정도로 엄청난 성능을 자랑하는 '유리알'을 만들어 냈지. 볼록 렌즈를 겹쳐 보는 정도에 그쳤던 당시의 망원경은 갈릴레오의 손을 거쳐 무려 32배나 크게 보이는 수준으로 발전했어.

'달은 밋밋한 구로 이루어져 있다더니 새빨간 거짓말이군. 울퉁불

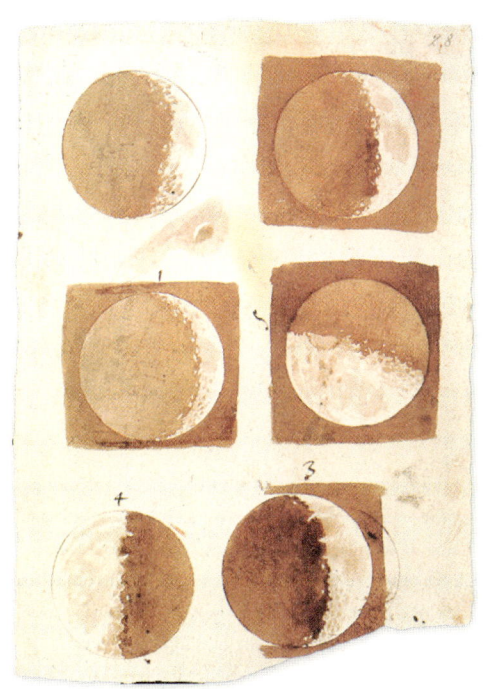

직접 만든 망원경으로 관찰한 뒤 갈릴레이가 그린 달의 모습이야. 이 관찰로 달의 표면이 울퉁불퉁하다는 것을 밝혀냈단다.

통한 것이 산 같기도 하고 계곡 같기도 하고……. 달을 숭배하던 사람들이 이걸 보면 무척이나 슬퍼하겠어. 하하.'

갈릴레오는 망원경으로 목성의 주변을 돌고 있는 행성도 찾아냈고, 태양에 흑점이 있다는 것도 발견했어. 태양과 달, 목성 등을 관찰하면서 태양이 지구를 돌고 있다는 천동설에 심각한 오류가 있다는 것도 밝혀냈지. 악동처럼 느껴질 정도로 짓궂고, 사람들의 고정 관념을 망설임 없이 깨버릴 정도로 자유로웠던 갈릴레오. 그런데 뜻밖에도 갈릴레오는 매우 따뜻하고 사랑 넘치는 사람이었다고 해.

흔히 갈릴레오는 평생 동안 결혼하지 않고 혼자 살았다고 알려져 있어. 하지만 실제로는 결혼식만 하지 않았을 뿐 누구보다 사랑했던 부인이 있었단다. 결혼을 하지 않았던 것은 신분 차이 때문이었다고 해.

갈릴레오가 가난하지만 명문가로 이름이 높은 귀족 집안에서 태어난 데 반해 부인인 마리나 감바는 지방의 평민 출신이었거든. 당시 이탈리아는 귀족과 평민의 결혼을 인정하지 않았어. 갈릴레오는 법적으로 인정을 받든, 받지 못하든 상관하지 않았어. 평생 동안 마리나를 부인으로 사랑하며 살았고, 두 딸과 아들까지 낳았단다.

갈릴레오와 마리나는 첫 딸을 낳고 '비르지니아'라고 이름 지었어. 마리나는 갈릴레오와 결혼하지 않은 상태였기 때문에 비르지니아를 아버지 없이 태어난 사생아로 기록할 수밖에 없었지. 이후 두 사람은 둘째 딸 리비아와 막내 아들 빈첸초를 낳았어. 갈릴레오는 가족들을 무척 사랑했고, 남편과 아버지로서의 책임을 다하기 위해 노력했단다.

갈릴레오의 극진한 가족 사랑은 갈릴레오가 살았던 이탈리아의 피사 지방에서도 유명했어. 많은 사람들이 마리나와 비르지니아, 리비아, 빈첸초의 존재를 알고 있었지. 하지만 갈릴레오는 사생아라고 손가락질을 받는 자식들의 운명에 늘 가슴이 아팠단다. 아들인 빈첸초는 자신의 상속자로 임명했기 때문에 그나마 나았지만 여자의 몸인 두 딸이 특히 걱정되었지.

고민하던 갈릴레오는 두 딸의 미래를 위해 수녀원에 들어갈 것을 권했어. 중세 시대 유럽에서는 종교의 힘이 강했기 때문에 성직자들에 대한 사람들의 인식이나 대접이 좋은 편이었거든. 두 딸은 기꺼이 아버지의 뜻에 따르기로 했어. 이후 수녀가 된 비르지니아와 리비아는 세속의 이름을 버리고 각각 마리아와 아르칸젤라라는 새로운 이름을 얻게 되지. 특히 마리아는 하늘을 연구하는 천문학자의 딸답게 '하늘의'라는 뜻을 가진 '첼레스테'를 수도명▪으로 택했단다. 아버지 갈릴레오에 대한 사랑과 존경을 그렇게 표현했던 거야.

갈릴레오는 자식들 중에서도 특히 첫째 딸 마리아와 가까웠어. 두 사람은 아버지와 딸이자 서로 믿고 의지하는 후원자, 위안을 주고받는 동료, 가르침을 나누는 사제처럼 지냈지. 두 사람은 평생 동안 수많

▪ **수도명** 수도원 생활을 시작하면서 짓는 이름.

은 편지를 주고받았는데, 마리아가 간직하고 있던 갈릴레오의 편지들은 전해지지 않는단다. 마리아가 죽고 난 뒤 물품을 정리하던 수녀가 종교 재판으로 신앙심을 의심받던 갈릴레오의 편지들을 다 태워 버렸기 때문이지. 다행히 마리아가 아버지에게 보낸 편지들은 남아 있단다. 마리아가 아버지에게 보낸 1623년 5월 10일자 편지를 한번 살펴볼까?

> 존경하는 아버지께
>
> 더없이 소중하고 사랑하던 고모가 세상을 떠나셔서 저희는 몹시 슬퍼하고 있습니다. 하지만 아버지께서 여동생을 보내고 홀로 힘겨운 날들을 보내고 계신 것에 비하면 저희의 슬픔은 아무것도 아니겠지요. 아버지께서 마음을 편안히 하시고 모든 것을 주님께 맡기며 위안을 얻으시길 바랍니다. 힘겨워하시는 아버지를 보면 저희는 더 고통스러워지니까요. 저희는 아버지를 너무나 사랑합니다.

당시 마리아는 가난한 수녀원에서 텃밭을 일구고 생필품을 만들어 파는 궁핍한 생활을 하고 있었어. 그럼에도 불구하고 마리아는 결코 힘든 내색을 하지 않았지. 편지에서도 오로지 존경하는 아버지가 겪고 있는 슬픔을 걱정하고 있어. 마리아는 자신의 손으로 직접 만든 과일 정과는 물론 셔츠나 침대보 등을 만들어 아버지에게 보내곤 했어. 물론 갈릴레오도 자상하게 딸을 돌보았어. 떨어져 있는 딸들의 먹을 것을 챙겨주는 따뜻한 아버지였지. 1623년 10월 20일자 편지를 보면 두 사람이 서로를 어떻게 돕고 보살폈는지 잘 나타나 있단다.

> 바느질한 아버지의 셔츠와 최선을 다해 수선한 가죽 앞치마를 아버지의 편지와 함께 돌려보냅니다. 오랜 병을 앓고 있는 아르칸젤라를 의사에게 데려다 주었습니다. 동생이 아파서 걱정도 많이 되고 힘도 듭니다. 하인의 말이 아버지께서 곧 저희를 찾아오실 거라고 해서 간절히 기다리고 있답니다. 이곳에서 하룻밤 보내고 가시기를 간절히 원합니다. 생선 보내 주신 것 감사드려요. 아르칸젤라와 함께 사랑의 인사를 전합니다.

뿐만이 아니야. 마리아는 원고를 읽어 주거나 편지를 대필하는 등 아버지의 연구에 보탬이 되는 일에도 소매를 걷어붙이고 나서곤 했어. 목성의 위성이나 금성의 변화를 관찰하고 기록했는가 하면, 눈이 아파 원고 확인이 어려운 아버지를 위해 원고를 옮겨 쓰기도 했지.

마리아는 아버지에게 종종 시계를 고쳐 달라고도 했단다. 과학자인 갈릴레오는 물건 고치는 솜씨도 좋았던 모양이야. 나중에는 갈릴레오

가 수녀원의 모든 시계를 고치는 지경까지 이르렀단다. 그런데 이를 너무 당연히 여기며 재촉하는 수녀들 때문에 마리아가 마음의 상처를 받기도 한 것 같아.

> 아버지와 저 사이를 수차례 오고 갔던 시계가 이제는 제 몫을 하고 있습니다. 고장 난 시계를 늘 고치다 보니 시계가 시간을 제대로 알려주지 않을 때면 제 잘못인 양 되어 마음이

상하곤 했었답니다.

  서로의 일상생활을 다정하게 챙기던 두 사람에게 어느 날, 커다란 시련이 다가왔어. 갈릴레오가 종교 재판을 받게 된 거야. 이유는 갈릴레오가 주장한 과학 이론 때문이었어. 당시 종교 지도자들은 태양이 지구의 주변을 돈다고 믿고 있었는데, 갈릴레오는 그와 반대되는 주장을 펼쳤거든. 갈릴레오는 바른 말을 하고도 벌을 받을지 모를 처지에 놓이게 되었지.

  이 소식을 들은 마리아도 넋이 나갈 만큼 당황했어. 수도원에서 자신을 수련하며 신앙을 키워가는 성직자였으니 아버지가 종교 재판을 받는다는 사실이 더욱 충격적으로 다가왔지. 1633년 4월 20일 마리아는 떨리는 손을 진정시켜가며 아버지에게 편지를 보냈어.

> 아버지께서 검사성성의 판사실에 억류되어 계신다는 소식을 들었습니다. 마음의 평화도 깨지고 육신의 편안마저 빼앗긴 아버지가 너무도 걱정됩니다. 다른 무엇보다도 건강을 지킬 수 있도록 마음을 단단히 하시기 바랍니다. 사랑하는 아버지, 아버지와 함께 괴로움을 나누고 짐을 덜어드리고자 이 편지를 보냅니다. 마음이 힘든 소식은 저만 알고 좋은 일만 얘기하고 싶어 다른 누구에게도 이 어려움을 표현하지 않았

답니다. 제가 이렇게 걱정을 하며 편지를 쓰는 동안 아버지의 일이 해결되어 모든 근심에서 벗어나셨을지도 모릅니다. 주님의 배려가 아버지께 닿기를 빕니다.

곧 갈릴레오에 대한 종교 재판이 열렸어. 문제가 된 것은 일찍이 코페르니쿠스가 밝혔던 '태양 중심설(지동설)'을 지지한 갈릴레오의 《대화》라는 책이었어. 갈릴레오를 조사하거나 성토하는 검사들을 보며 갈릴레오는 몹시 답답하고 안타까웠어. 게다가 재판 과정 내내 억류되어 있었기 때문에 무던히 참고 기다려야 했지.

갈릴레오는 자신의 주장이 틀리지 않았음을 확신하고 있었지만, 문제는 성직자들이 자신으로 인해 거짓말쟁이가 된 것을 언짢아한다는 점이었어. 그들은 성직자들의 권위를 떨어뜨린 갈릴레오의 주장이 결국 신앙에 문제가 있기 때문이라고 몰아붙였어. 갈릴레오는 과학 이론의 옳고 그름보다는 정치적으로 얽히고설킨 이 상황을 어떻게 극복해야 할지 고민에 빠졌어. 결국 두 번째로 심문을 받는 자리에서 주교 대신 나온 성직자에게 진심을 다해 이렇게 말했지.

"저는 하느님을 믿고 사랑합니다. 저의 신앙은 예나 지금이나 변함이 없다는 것을 헤아려 주시길 바랍니다. 그리고 부디 이 늙고 병든 사람에게 호의를 베풀어 주십시오."

이후 갈릴레오가 풀려나자 주변 사람들이 달려와 위로를 건넸어.

하지만 마리아는 석방에 대한 기쁨보다 아버지의 건강에 대한 걱정이 더 컸던 것 같아.

> 사랑 가득한 아버지의 편지와 기쁜 소식을 이곳의 수녀님들과 읽고 또 읽으며 함께 나누었습니다. 그동안 두통으로 고통을 받고 있었는데 두통마저 사라지게 만들 만큼 기쁜 소식이었어요. 전염병을 예방하는 효과적인 처방을 우연히 얻게 되어 한 부 적어 드립니다. 이 약이 모든 질병에 효과적인 데 반해 약에 쓰는 재료가 귀해 조제가 어려워 약제를 만들어 드리지 못하는 것을 이해해 주세요.

종교 재판 이후 갈릴레오는 사람들을 만나거나 사회 활동을 할 수 없도록 감시당했어. 지동설과 관련된 대화는 물론 사람들 앞에서 연설하거나 제자들을 가르칠 수도 없었단다. 다행히 수도원 근처에 마련한 집이 있어 갈릴레오는 마리아를 찾아가 마음을 달랬지. 사랑하는 딸 마리아가 없었다면 이 어려운 시기를 견뎌내지 못했을지도 몰라.

"아버지가 오시기를 기다리고 있었답니다. 다리는 좀 어떠신가요? 주님의 배려가 반드시 아버지와 함께하실 겁니다!"

마리아는 언제나 따뜻한 미소로 아버지를 맞았고, 다정한 목소리로 아버지의 아픔을 달래 주었어. 그런데 두 사람에게 종교 재판보다 더

 큰 시련이 닥치고 말았어. 늘 아버지에게 용기를 주던 마리아가 쓰러진 거야. 마리아는 아버지의 어려운 상황을 누구보다 가슴 아파하느라 정작 자신의 건강은 돌보지 못했단다. 게다가 심한 이질까지 걸려 복통과 설사를 거듭하다 몸져눕고 말았어. 지금과 달리 예전에는 이질이 매우 위중한 병이었단다.

 갈릴레오는 매일 수녀원을 찾아가 딸의 회복을 위해 기도했단다. 하지만 아버지의 사랑과 헌신적인 기도에도 불구하고 1634년 4월 2일 새벽, 마리아는 숨을 거두고 말았어.

 갈릴레오는 마리아를 보내고 난 뒤 제대로 먹지도 못하고 우울증에 시달렸어. 나중에는 탈장이 악화되어 심한 고통을 받았지. 딸을 잃은 슬픔에서 헤어나지 못한 채 갈릴레오는 집안에 틀어박혀 여러 달 동

■ **이질** 설사 증세를 보이는 전염병.

안 종교적인 시와 대화록만을 읽으며 지냈단다.

훗날 갈릴레오가 친구에게 보낸 편지에는 마리아를 얼마나 사랑하고 의지했는지 잘 나타나 있어.

> 큰 아이는 남다른 선량함에다 훌륭한 정신, 감정적인 애착까지 깊어 더없이 사랑스러웠어. 그런데 그 아이가 나를 걱정하며 건강이 나빠졌는데도 제 몸을 돌보지 않아 이질에 걸리고 말았다네. 쇠약해질 대로 쇠약해진 몸으로 엿새 동안 병을 앓다 병을 이기지 못하고 세상을 떠나 버리고 말았어. 사랑스러운 그 아이를 보내고 하루하루 너무도 고통스러운 날을 보내고 있다네.

오늘날 피렌체 국립 중앙 도서관에는 아버지에게 존경과 사랑을 다해 한 자 한 자 써 내려간 마리아의 편지가 고스란히 남아 있어. 400년을 견디느라 빛은 바래고 모서리는 닳고 검은 잉크는 갈색으로 변했지만 아버지를 그리워하는 마음만큼은 충분히 전해지는구나.

자연 속에서 조화로운 삶을 일군 부부

스콧 니어링과

Scott Nearing

헬렌 니어링

사람은 누구나 자신의 생각과 방식대로 삶을 살아가지? 이것을 조금 어려운 말로 '인생관'이라고 한단다. 사람마다 인생관이 다르기 때문에 사람들이 사는 모습은 제각각 다를 수밖에 없어. 자신의 이익과 행복이 제일이라고 여기는 개인주의자가 있는가 하면, 사회의 한 구성원으로서 함께 더불어 사는 공동체 의식을 더 중요하게 생각하는 사람도 있어.

스콧 니어링과 헬렌 니어링 부부는 자신의 인생관에 따라 독특한 삶을 살았던 사람들이야. 화려하고 편리한 도시를 등지고 시골로 들어가 농장을 일구며 평온하고 단순한 삶을 살았지. 시골 생활이 뭐가 독특하냐고? 두 사람은 남다른 생활 원칙을 세우고 엄격하게 지키며 살았거든. 그 원칙은 다음과 같아.

> 첫째, 먹고사는 데 필요한 것 절반 이상은 스스로 만들어 쓴다.
> 둘째, 한 해 살기에 충분할 만큼 양식을 모은 뒤에는 다음 해가 오기까지 더 이상 돈 버는 일을 하지 않는다.
> 셋째, 돈을 모으지 않는다.
> 넷째, 가진 돈만 쓰고 절대 남에게 빌리지 않는다.
> 다섯째, 스스로 땀을 흘려 집을 짓고, 땅을 일구어 먹을 것을 마련한다.
> 여섯째, 가축을 기르지 않고 고기도 먹지 않는다.

도시 생활이 익숙한 우리들에게는 조금 버거운 원칙들이지? 직접 집을 짓고 먹을거리를 구한다면 정말 고생스러운 생활이 될 거야. 못질 한 번 해본 적 없는 사람들은 "아니, 내가 어떻게 집을 지어?" 하고 투덜거릴지도 몰라. 게다가 돈을 모아 저축을 하지 않는다니, 미래의 삶을 위해 아끼고 준비하는 것을 제일로 삼는 사람들에게는 도저히 이해할 수 없는 원칙이기도 하지.

그런데 니어링 부부의 전원생활이 책으로 출판되면서 많은 사람들의 관심을 끌었어. 《조화로운 삶》이나 《헬렌 니어링의 소박한 밥상》, 《아름다운 삶, 사랑 그리고 마무리》 등을 읽은 독자들 중에는 니어링

부부를 따라하는 이들이 꽤 많이 생겨났단다. 그리고 니어링 부부의 삶이야말로 가장 아름답고 행복한 삶이라며 칭찬하는 사람들이 늘어나기 시작했어.

과연 두 사람은 왜 그런 삶을 선택했을까? 이전에는 어떻게 살았기에 스스로 '촌사람'이 되기를 원한 걸까? 혹시 돈을 벌거나 일할 능력이 없었기 때문에 어쩔 수 없이 시골로 간 것은 아닐까?

예상과 달리 스콧 니어링은 '엘리트'로 인정받던 사람이었어. 엘리트란 사회의 각 분야에서 최고의 능력을 보여 지도자의 위치에 있는 사람들을 뜻하지. 스콧 니어링은 미국에서 탄광을 운영하는 부유한 집안에서 태어나 최고의 교육을 받으며 자랐어. 청년이 된 후에는 펜실베이니아 대학에서 법학을 공부했는데, 오래지 않아 경영학으로 진로를 바꾼 뒤 같은 대학에서 경제학 박사 학위를 받았지. 그 뒤 경제학 교수로 대학에서 학생들을 가르쳤단다.

스콧은 청년 시절부터 사회 문제에 관심이 많았어. 그래서 늘 어떻게 하면 사회를 바람직한 방향으로 이끌 수 있는지에 대해 연구했지. 경제학자가 된 이후에는 노동 문제에 관심을 기울였어. 고용주(사장)들이 노동자에게 적은 임금을 주면서 과도한 노동을 강요하기 때문에 불공평하고 불행한 사회가 만들어진다고 생각했거든.

특히 어린이들마저 노동 현장으로 내모는 사회 현실을 안타까워했지. 스콧은 정미소와 공장에서 일하는 어린이들의 노동 상황에 대해 조사를 시작했어. 그런 다음 어린이에게는 일을 시키지 못하도록 아동 보호법을 만들자고 주장하며 아동노동위원회에 참여했지. 하지만 스콧의 사회 활동을 못마땅하게 생각한 펜실베이니아 대학은 스콧을 내쫓아 버렸단다.

이후 스콧은 톨레도 대학으로 자리를 옮겨 정치학 교수로 일했는데, 그나마도 오래가지 못했어. 제1차 세계 대전이 벌어지자 맹렬하게 전쟁에 반대하는 운동을 펼쳤거든. 스콧은 언론 매체에 글을 쓰고 사람들 앞에서 연설하며 자신의 주장을 펼쳐 나갔어.

"지금의 전쟁은 문명국가▪들이 조직적으로 저지르는 파괴이자 대량 학살입니다. 또한 제국주의▪ 국가들끼리 벌이는 힘겨루기에 불과합니다. 우리는 힘을 합쳐 반드시 이 전쟁을 막아야 합니다."

전쟁에 반대하는 활동은 당연하고 옳은 것이었으나 미국의 애국자들 눈에는 곱게 보이지 않았어. 당시 미국의 윌슨 대통령은 독일을 비롯한 몇몇 강대국이 다른 나라에 침범한 것을 비판하며 영국과 함께 전쟁 참여를 선언한 상태였거든. 하지만 스콧은 《거대한 광기》라는 책을 통해 '전쟁은 몇몇 국가들이 자신들의 이익을 위해 벌이는 것'이라며 미국도 예외가 아니라고 비판했어.

결국 미국 정부는 군대 소집과 군인 모집을 방해했다는 죄목으로 스콧을 법정에 세웠어. 가까스로 배심원들에게 무죄 판결을 받긴 했지만, 스콧은 사람들로부터 감시와 따돌림을 받게 되었지.

그렇다면 스콧의 아내 헬렌은 어떻게 살았을까? 헬렌은 미국 뉴저지의 리지우드라는 작은 마을에서 태어났어. 평범한 집안의 삼 남매중 둘째였지. 네덜란드 사람인 헬렌의 엄마는 미국으로 건너와 뉴욕에서 사업가인 아빠를 만나 결혼했고, 자식을 위해 뉴저지로 이사한 뒤 자연과 더불어 살았어.

▪ **문명국가** 기술의 발달로 국민의 생활과 의식 수준이 높은 나라.
▪ **제국주의** 무력으로 다른 나라나 민족을 침략하여 영토를 확대하려는 움직임 또는 그런 정책.

헬렌의 부모님은 채식주의자라서 고기나 생선, 달걀, 우유 등과 같은 동물성 식품을 먹지 않았어. 대신 헬렌 가족은 집 근처에 농장을 마련해서 신선한 채소와 과일을 길러 먹었지. 어려서부터 유달리 동물을 아끼고 사랑한 헬렌 역시 자연스럽게 부모님을 따라 채식주의자가 되었단다.

"바이올린 소리는 정말 아름다워요. 제가 바이올린을 배울 수 있도록 도와주세요."

자연 속에서 뛰놀던 개구쟁이 소녀 헬렌은 어느 날 바이올린 소리에 반해 공부를 시작했어. 고등학교를 졸업한 뒤에는 네덜란드로 건너가 본격적으로 바이올린을 배웠지. 헬렌은 무대에서 바이올린을 연주하거나 뮤지컬에도 참여하면서 열심히 살았어.

그리고 이즈음 여러 나라를 자유롭게 여행했는데, 호주에서는 특별한 경험을 하기도 했어. 사회주의 운동을 하는 친구들과 함께 빈민가를 찾아가 돕는 활동에 참여했거든. 헬렌은 어려운 사람들을 돕는 일에 보람과 즐거움을 느꼈어. 사회에서 소외된 사람들이 겪는 아픔을 알게 되면서 작은 힘이나마 바른 사회를 만드는 데 보탬이 되겠다는 결심도 했지. 하지만 헬렌의 인생을 바꾼 가장 큰 사건은 역시 스콧 니어링과의 운명적인 만남이었단다.

스콧과 헬렌은 얼핏 보기에는 어울리지 않는 사람들이었어. 처음 만났을 당시 헬렌은 스물넷, 스콧은 마흔다섯으로 무려 21년의 나이 차이가 있었지. 게다가 스콧은 대학 교수까지 지낸 경제학자이자 사회학자였지만, 헬렌은 고등학교를 갓 졸업한 평범한 아가씨였어.

두 사람은 어느 모임에서 우연히 만났어. 헬렌은 교회에서 강연을 의뢰받은 아버지를 따라 모임에 참석했는데, 강연이 끝나고 사람들과 어울리다 스콧과 이야기를 나누게 되었지. 그때 두 사람은 뜻밖에도 서로가 너무나 닮았다는 사실을 알게 되었단다. 두 사람 모두 채식주의자이자 평화주의자였고, 동물들을 사랑했거든.

헬렌은 생각이 깊으면서 유쾌하고 솔직한 스콧이 마음에 들었어. 시골길을 함께 걸으며 많은 이야기를 나눈 두 사람은 이후에도 만남을 이어갔단다. 스콧 역시 맑고 자유로운 영혼을 가진 헬렌에게 반해버렸어. 헬렌은 자연을 사랑할 뿐 아니라 착한 마음씨를 가진 따뜻한 여성이었어. 이야기를 나눌수록 자신과 인생관이 비슷했고, 헬렌이 부드러운 미소를 지을 때마다 자신에게 에너지가 전달되는 듯한 느낌을 받았단다. 그리고 헬렌과 함께라면 무엇이든 할 수 있을 것이라는 생각이 들기 시작했어.

그렇게 두 사람은 곧 뜨겁게 사랑하는 연인이 되었지. 헬렌은 스콧에 대해 이렇게 이야기했단다.

"내 모든 질문에 해답을 줄 현명한 스승 같은 동반자를 만나다니, 정말이지 너무나도 이상적인 일이야."

부부
스콧 니어링과 헬렌 니어링

두 사람은 사랑은 물론 생각을 키우는 일도 함께했단다. 학자이자 교수이기도 했던 스콧이 헬렌을 잘 이끌어 주었어. 두 사람은 바람직한 사회를 만들기 위한 방법을 연구하는 한편, 자신들의 지식을 다른 사람들에게 전하기 위해 노력했어. 그렇게 어울려 지내던 어느 날, 스콧은 헬렌에게 이렇게 청혼했단다.

"나는 사회를 좀 더 살기 좋은 곳으로 만드는 데 보탬이 되고 싶소. 그것이 가치 있는 삶이라 생각하기 때문이라오. 헬렌, 나와 함께 그것을 실천하지 않겠소? 나와 결혼해 주시오!"

사랑은 두 사람에게 기쁨과 행복을 가져다주었지만 세상은 그들에게 너그럽지 않았어. 정부와 사회에 비판적인 두 사람은 여전히 따돌림의 대상이었지. 뛰어난 학자였지만 스콧을 부르는 대학이 없었고, 스콧의 글을 실어 주는 신문이나 잡지도 없었어. 명쾌한 연설도 라디오 전파를 타지 못했지.

"여건이 어렵다고 뜻을 굽힐 수는 없소. 그렇다고 계속 이대로 머물 수도 없으니 일단 우리가 뿌리내릴 터전을 찾읍시다. 그곳에서 올바른 사회를 만드는 데 도움을 줄 수 있는 시간과 힘을 기르면 됩니다."

스콧은 헬렌에게 시골에 가서 농장 생활을 하자고 제안했어. 헬렌은 마치 제안을 기다리기라도 한 것처럼 기뻐하며 받아들였지. 두 사람은 본격적으로 농장 생활을 준비했단다.

"우리를 받아 주는 곳이 없으니 되도록 돈을 적게 쓰는 방법을 찾아야 하오. 집을 짓고 먹을거리를 구하는 일 모두 우리 힘으로 한다면 아주 적은 돈으로도 살 수 있을 거요."

"그렇다고 삶의 즐거움이나 여유를 잃어버려서는 안 돼요. 하루 중 절반은 일하되 나머지 시간에는 각자 연구나 책 읽기, 글쓰기를 하고, 대화를 나누도록 해요. 이 모든 것이 결국 아름답고 행복한 삶을 위해서니까요. 만약 우리가 행복하다면 그 행복이 조금씩 세상을 바꿀 거예요."

의논을 마친 두 사람은 버몬트 골짜기로 들어가 살기로 했어. 그리고 1932년 가을, 마침내 두 사람의 농장 생활이 시작되었단다.

의욕적으로 시작한 농장 생활이었지만 처음에는 어려움이 많았어. 무거운 연장으로 집을 짓고, 거칠고 메마른 땅을 일구어 농사를 지어야 했으니 여간 고생스러운 것이 아니었지. 하지만 두 사람은 서두르지도 조급해하지도 않았단다. 오히려 이러한 생활을 즐거움으로 여겼어.

다행히 스콧은 오래전에 펜실베이니아 시골 농장에서 할아버지에게 농장 생활에 필요한 노동 기술을 배워둔 터라 헬렌에게도 차근차근 알려줄 수 있었지. 헬렌은 삽이나 톱, 도끼 같은 연장을 다루는 법과 농장을 가꾸는 법, 나무를 관리하는 법, 나무를 베어 난로에 불 피우는 법, 요리하고 수프를 만들고 감자를 굽는 법, 사과 소스를 만드는 법 등 필요한 일들을 익혀 나갔어. 성실한 두 사람은 오래지 않아 농장

니어링 부부가 농장 생활을 시작하면서 직접 지은 집과 온실이야. 지금은 니어링 부부의 삶의 방식을 알리고 공유하는 장소가 되었어.

생활에 적응할 수 있었단다.

니어링 부부의 농장은 차츰 풍요롭고 멋진 곳으로 변해 갔어. 두 사람은 봄이 오면 씨를 뿌리고, 여름에는 잡초를 뽑으며 농작물을 키웠고, 가을에는 소담스럽게 열린 농작물을 거두어들였어. 물론 모든 농작물에는 화학 비료를 사용하지 않았지. 오로지 자연이 가진 힘과 두 사람의 땀으로 농사를 지었단다. 이런 농사법을 유기농법이라고 해.

하지만 직접 집을 짓고, 농작물을 키워 먹는다고 해도 최소한의 돈은 필요했단다.

"많이는 아니더라도 최소한의 돈이 필요해요. 책이나 종이, 펜 등은 우리가 직접 만들 수 없잖아요. 세금을 내거나 자동차에 넣을 기름도 필요하고요. 우리가 만든 농작물을 조금만 팔아 돈을 구하기로 해요."

두 사람은 단풍나무의 수액을 뽑아 시럽을 만든 뒤 사람들에게 팔았어. 단풍나무에서는 매년 수천 리터의 시럽이 나왔고 니어링 부부가 만든 단풍나무 시럽은 인기가 좋아 주문이 많이 밀려들었단다.

하지만 두 사람은 돈을 많이 벌기 위해 시럽을 만들지는 않았어. 오히려 주문이 너무 많아진다 싶을 때는 일을 멈추고 여행을 떠나거나 책 쓰는 일에 매달렸지. 특히 헬렌은 근처 도서관에서 단풍나무 수액 뽑기와 사탕 제조에 관한 자료를 찾아본 뒤 두 사람의 경험과 연구를 바탕으로 《사탕단풍 책》이라는 책을 펴냈단다.

스콧은 농장이 한가해지는 겨울철을 골라 강연을 다녔어. 두 사람의 농장 생활이 알려지면서 미국 여러 곳에서 강연 요청이 들어오곤 했거든.

스콧은 시간이 날 때마다 경제학과 사회 문제에 관한 글도 썼어. 그러다가 〈세계 사건〉이라는 뉴스 해설 잡지를 만들어 무료로 배포하기 시작했단다. 잡지를 만드는 사람들은 모두 무료로 일해 주었어. 스콧은 아흔이 되어 일을 그만둘 때까지 200편이 넘는 글을 실었단다.

"우리 집은 언제든 문이 열려 있습니다. 자연과 함께 자연을 사랑하며 행복하게 살고 싶은 사람이라면 누구라도 환영합니다. 원한다면 농장 생활을 어떻게 시작하면 좋은지, 어떻게 하면 더 즐겁고 행복해질 수 있는지 의논 상대가 되어 드릴 수도 있어요."

두 사람은 세상을 향해 이렇게 말했어. 버몬트에 처음 정착한 이후 시간이 흐를수록 더 많은 사람들이 니어링 부부를 찾아왔어. 두 사람을 만나고 돌아간 사람들은 편지를 보내왔어. 어떤 사람들은 농장 생활에 잘 적응하고 있다는 안부 편지를, 어떤 사람들은 농장 생활에 실패해 도시로 돌아갔다는 소식을 전하기도 했지. 두 사람의 헛간에는 방문자들이 보낸 편지들이 쌓여 갔단다.

과연 어떻게 사는 것이 행복하고 가치 있는 것일까? 많은 사람들이 이 의문에 답을 찾고 있거나 나름의 해답을 찾았다고들 하지. 니어링 부부는 자연 속에서 땀 흘려 일하되 단순하면서도 느리게 살라고 이야기했어. 지나치게 욕심부리지 않으면 자연은 인간을 보살펴 주고, 인간도 자연을 보살필 수 있다고도 했지. 그 신념을 지킬 수 있었던 것은 두 사람이 함께했기 때문이었단다.

티격태격 싸우며 단단한 우정을 쌓은 친구
푸치니와 토스카니니

Giacomo
&

    1895년이 저물어 갈 무렵, 오페라 〈라 보엠〉의 총연습이 한창인 극장 안. 관현악단과 함께 호흡을 맞추며 지휘에 열중하는 토스카니니와 그런 모습을 유심히 지켜보는 한 사람이 있었어. 바로 오늘 공연될 오페라를 작곡한 푸치니였어.

    그런데 웬일까? 푸치니의 얼굴은 근심이라도 있는 듯 구겨져 있었어. 푸치니는 오페라의 성공으로 이름을 널리 알린 유명한 작곡가였고, 토스카니니는 젊은 지휘자였지. 푸치니는 심혈을 기울여 만든 〈라 보엠〉에 대한 기대가 컸던 나머지, 풋내기 지휘자인 토스카니니가 지휘를 맡게 된 것이 탐탁지 않았어. 토스카니니보다는 이탈리아에서 가장 유명한 지휘자였던 레오폴드 무뇨네가 맡아 주길 바랐거든.

하지만 극장 안을 메우던 냉랭한 분위기는 오래가지 않았어. 푸치니의 얼굴이 차츰 밝아지기 시작했거든. 오히려 토스카니니의 지휘에 따라 연주가 계속될수록 푸치니의 가슴엔 감동이 차올랐어. 연주가 끝난 뒤 푸치니는 아내에게 보낸 편지에 이렇게 썼단다.

> 지휘자 토스카니니는 무척이나 지적이고 매력적이며 멋있는 사람이라오. 그는 참으로 비범한 능력을 갖춘 음악가요.

푸치니의 예상대로 〈라 보엠〉은 큰 성공을 거두었어. 가난한 예술가들의 사랑 이야기를 담은 이 작품은 지금까지도 오페라 역사상 가장 완벽한 작품이라는 평을 받고 있지. 또한 이 작품을 통해 세계 음악사에 커다란 발자국을 남긴 두 음악가의 만남이 시작되었단다.

그런데 사실 푸치니와 토스카니니는 음악가라는 공통분모가 없었다면 친구가 되기 힘든 사이였어. 푸치니의 집안과 토스카니니의 집안은 서로 반대되는 당파를 지지해서 어울리기 어려운 관계였거든. 두 집안의 분위기도 많이 달랐고 말이야. 그래서였을까? 두 사람의 우정도 평탄하지만은 않았단다.

푸치니의 집안은 대대로 성 마르티노 성당의 오르간 연주를 맡아왔어. 그래서 오르간 주자였던 아버지가 세상을 뜨자 집안의 전통에 따라 장남인 푸치니가 오르간 주자가 되어야 했지. 하지만 소년이었던 푸치니에게는 다른 꿈이 있었단다. 베르디의 〈아이다〉 공연을 보고 깊은 감명을 받아 오페라 작곡가가 되기로 결심했거든. 푸치니는 집안의 전통과 자신의 꿈 사이에서 방황할 수밖에 없었어. 한동안은 집안 어른들의 권유대로 오르간을 연주했지만, 결국에는 자신의 꿈을 이루기로 결심했지. 푸치니는 꿈에 그리던 밀라노 음악 학원에서 공부를 했고 그 후 발표하는 작품마다 청중들의 큰 호응을 얻으며 작곡가로서 명성을 떨치기 시작했단다.

반면 토스카니니는 비교적 일찍부터 원하는 음악 공부를 자유롭게 할 수 있었어. 가난한 재단사의 아들로 태어났지만, 어릴 때부터 남다른 음악적 재능을 보인 덕분에 불과 아홉 살의 나이로 파르마 왕립 음

 주세페 베르디

〈리골레토〉, 〈라 트라비아타〉, 〈아이다〉 등 지금까지도 사랑받는 뛰어난 작품들을 작곡해 오랫동안 거장의 자리를 지킨 작곡가야. 집안이 넉넉하진 않았지만 어릴 때부터 오르간을 연주하며 음악적 재능을 보였다고 해. 하지만 우여곡절을 겪고 스물여섯이 되어서야 첫 오페라를 작곡했는데 그마저도 인기를 얻지 못했어. 때마침 아내와 아이가 모두 세상을 떠나 절망에 빠지기도 했지. 다행히 친구들의 격려로 다시 작곡을 시작해 성공을 거둘 수 있었어.

악원에 입학했거든. 토스카니니는 왕립 음악원에서 첼로와 피아노, 작곡 등을 공부했고, 졸업 후에는 이탈리아 순회연주단의 첼로 연주자로서 이곳저곳을 여행하며 공연도 했지.

토스카니니가 지휘자가 된 것은 아주 우연한 사건 덕분이었어. 순회연주단이 브라질 리우데자네이루에서 공연할 때의 일이야. 베르디의 〈아이다〉를 지휘해야 할 지휘자가 자리를 비우고 만 거야. 고민하던 단원들은 어떻게든 공연을 마무리하기 위해 임시로라도 지휘를 맡을 사람을 뽑기로 의견을 모았고, 그 결과 지목된 사람이 바로 토스카니니였어. 당시 토스카니니는 열아홉 살밖에 안된 풋내기 연주자였지만 〈아이다〉의 모든 악보를 외우고 있는 유일한 단원이었거든.

사실 토스카니니는 천재적인 기억력으로 유명하단다. 아무리 복잡하고 긴 악보도 한두 번만 보면 모두 외웠다고 해. 그런데 여기서 흥미로운 사실이 있어. 토스카니니는 지독한 근시였단다. 보면대 위에 놓인 악보도 볼 수 없을 정도였지. 연주를 하려면 악보를 봐야 하는데 볼 수 없으니 밤새도록 외울 수밖에 없었어. 지휘자가 된 이후에도 그렇게 노력하다 보니 자신도 모르는 새 기억의 달인이 되었던 거야. 그렇게 외운 악보가 160편이 넘는다고 하니 정말 대단하지?

리우데자네이루 공연을 성공리에 마무리한 토스카니니는 지휘자로서의 재능을 인정받게 돼. 그리고 자신도 미처 몰랐던 재능을 깨달은 뒤 지휘자로 진로를 바꾸어 활약했단다.

오페라 〈라 보엠〉 이후 푸치니와 토스카니니는 여러 공연을 함께했어. 특히 오페라 〈토스카〉를 연습하면서 매우 가까워졌지. 공연과 관련해 의논하는 일마다 죽이 잘 맞았거든. 특히 토스카니니는 작곡가의 의도에 따라 충실하게 연주하는 지휘자였기 때문에 푸치니를 매우 흡족하게 했어.

토스카니니는 오케스트라 단원들이 완벽하게 연주할 때까지 연습을 반복했어. 연주가 만족스럽지 않으면 "노(No)!"를 외치며 연습을 중단시켰지. 얼마나 "노!"를 외쳐댔으면 '토스카노노'로 불리기도 했다고 해. 그 덕분에 토스카니니는 오케스트라 단원들에게는 '무대 위의 독재자'로 통한 반면 작곡가들에게는 함께 작업하고 싶은 최고의 지휘자로 꼽혔단다.

〈토스카〉는 〈라 보엠〉과 마찬가지로 큰 성공을 거두었어. 푸치니는 연이은 성공에 들떠 친구들에게 편지를 보냈는데, 대부분의 내용이 토스카니니에 대한 칭찬이었다고 해.

> 이 까다로운 작품을 최고로 돋보이는 공연으로 만들어 준 것은 토스카니니의 강철과도 같은 훈련 덕분이라네.

> 〈토스카〉 공연이야말로 토스카니니의 날카로운 해석과 효과적인 무대가 만든 최고의 공연이었다네.

오페라 극장 안에서 연주하고 있는 오케스트라의 모습이야. 공연이 열리는 무대와 객석 사이에 곡을 연주하는 오케스트라의 자리가 있단다.

　푸치니와 토스카니니가 손을 잡고 무대에 올린 작품은 대부분 큰 성공을 거두었어. 토스카니니는 푸치니의 재능에 감탄했고 푸치니도 자신의 오페라를 토스카니니만큼 완벽하게 해석할 수 있는 지휘자는 없다고 생각했어.

　두 사람은 서로를 아꼈지만 때로는 음악에 대한 서로 다른 의견 때문에, 때로는 사소한 일로 감정이 상해 싸웠단다.

푸치니가 3부작 오페라 〈일 트리티코〉를 만들었을 때의 일이야. 푸치니는 1막으로 된 단막 오페라 〈외투〉와 〈수녀 안젤리카〉, 〈잔니 스키키〉를 묶어 공연해 보고 싶었어. 각각 이미 좋은 반응을 얻었기 때문에 세 작품을 한데 묶어 공연하면 더 큰 성공을 얻으리라 기대했지. 그런데 토스카니니의 생각은 달랐던 모양이야.

"정말이지 이 작품은 형편없군. 푸치니가 성공에 눈이 멀었기 때문이야!"

결국 불만은 공연 중에 터지고 말았어. 지휘를 하던 토스카니니가 갑자기 지휘봉을 내려놓고 극장을 나가 버렸거든. 소식을 들은 푸치니는 단단히 화가 났어. 푸치니가 얼마나 화를 냈는지는 지인에게 보낸 편지에 고스란히 남아 있단다.

> 나는 토스카니니 같은 돼지를 원치 않소. 그는 나의 오페라에 대해 온갖 험담을 하고 신문기자들에게 그런 얘기를 쓰도록 들쑤시기까지 했다오. 나는 이제 그가 필요치 않소. 전에도 말했듯이 지휘자가 오페라를 별로라고 생각한다면 어차피 그 작품을 제대로 지휘할 수도 없는 것 아니겠소.

화가 난 푸치니는 토스카니니에게 자신의 작품을 맡길 수 없다고 주장했어. 이 사건으로 두 사람은 계속 티격태격 싸우게 되었단다.

한번은 크리스마스를 앞두고 있을 무렵의 일이야. 푸치니는 친구들에게 전통 빵을 선물로 보냈어. 그런데 실수로 토스카니니에게까지 빵을 보냈지. 푸치니는 서둘러 토스카니니에게 전보를 보냈어.

크리스마스 빵 잘못 알고 보냈음.

전보를 받은 토스카니니는 어이가 없었지. 잔뜩 골이 난 토스카니니는 어떻게 푸치니를 골려 줄까 고민하다가 이런 답장을 보냈단다.

크리스마스 빵 잘못 알고 먹었음.

다 자란 어른들이, 그것도 세계의 찬사를 받고 있는 음악가들이 주고받은 메시지라고는 믿어지지 않을 정도로 유치하지?

다시는 안 볼 것처럼 싸웠지만 푸치니는 작품을 만들 때마다 토스카니니가 그리웠어. 토스카니니처럼 푸치니의 작품을 완벽하게 이해하고 연주하는 것은 물론 솔직하게 조언해 주는 사람을 만나기란 쉽지 않았거든. 물론 토스카니니도 푸치니가 못내 마음에 걸렸어. 푸치니만큼 따뜻한 친구를 만나기란 쉽지 않았으니까.

두 사람의 인연은 결국 다시 이어지게 된단다. 푸치니가 토스카니니를 먼저 찾아가 화해의 악수를 청했거든. 토스카니니도 기꺼운 마음으로 푸치니의 손을 마주 잡았지. 이제 두 사람은 싸우지 않게 되었을까?

물론 두 사람은 여전히 티격태격 싸웠어. 하지만 서로에 대해 이해하려고 노력했기 때문에 예전처럼 결별하는 일만은 피했지. 화해를 하고 두 사람이 함께 공연한 오페라가 또 한 번 성공을 거두면서 푸치니는 토스카니니에게 이런 편지를 보내기도 했단다.

> 어제저녁 나는 그대의 위대한 정신을 온몸 가득 느꼈소. 또한 옛 친구이자 동료인 나에 대한 그대의 사랑도 느낄 수 있었다오. 그대가 젊음이 넘치는 오래전의 나의 열정을 잘 이해해 주었기에 나는 행복했소. 마음 속 깊이 그대에게 감사하오.

조금은 성숙해진 두 사람의 우정이 느껴지니? 적어도 푸치니는 토스카니니와 진심으로 한마음이 됐다고 느낀 것 같아.

토스카니니와 함께 여러 오페라로 사랑을 받은 푸치니가 "이제까지의 내 오페라들은 다 버려도 좋다."라고 할 만큼 정성을 들여 만든 작품이 있어. 바로 중국을 배경으로 한 오페라 〈투란도트〉야. 푸치니는 무려 4년 동안 이 작업에 매달렸는데, 작품을 완성하지 못하고 세상을

떠났어. 미처 완성하지 못한 부분은 푸치니의 제자인 알파노가 푸치니의 스케치 내용을 바탕으로 토스카니니의 도움을 받아 완성했지.

오페라 〈투란도트〉는 1926년 4월, 밀라노의 라 스칼라 극장에서 토스카니니의 지휘로 첫 무대에 올랐어. 그날 관객들은 위대한 음악가 푸치니를 추모하는 뜻에서 검은 복장을 갖춰 입고 입장했단다.

공연은 순조롭게 진행되었어. 그런데 제3막에 이르렀을 때 놀라운 일이 일어났어. 오페라에서 '류의 죽음' 부분이 끝나자 갑자기 연주도 멈춰 버린 거야. 관객들은 영문을 모른 채 지휘자인 토스카니니만 바

1778년에 세워진 라 스칼라 극장은 푸치니의 3대 오페라로 꼽히는 〈나비 부인〉과 마지막 작품인 〈투란도트〉를 비롯해 많은 오페라를 첫 공연으로 올렸단다. 제2차 세계 대전 때 파괴되었다가 다시 재건했을 때 토스카니니가 재개관 기념 연주회를 지휘하기도 했지.

라보았어. 조용히 지휘봉을 내려놓은 토스카니니는 관객들을 향해 돌아서서 이렇게 말했어.

"여기서 오페라는 끝이 납니다. 마에스트로* 푸치니 선생이 작곡한 것은 이 부분까지입니다."

토스카니니는 〈투란도트〉의 첫 공연에서 푸치니가 작곡한 부분까지만 연주한 거야. 그것이 위대한 음악가이자 가장 친한 친구인 푸치니에 대해 존경과 우정을 표하는 일이라 생각했기 때문이지. 곧이어 감동의 박수가 극장을 가득 메웠어. 관객들은 푸치니의 죽음을 더욱 깊이 애도하며 극장 문을 나섰단다.

사람들은 티격태격 싸우면서도 30여 년 동안 이어진 푸치니와 토스카니니의 우정을 그리워했어. 하지만 그런 우정을 가장 그리워한 사람은 바로 푸치니와 토스카니니 자신들이었을 거야. 푸치니는 죽기 전 음악 전문지 〈일 피아노포르테〉의 칼럼에 이렇게 썼단다.

> 나의 생애에서 예술가로서 가장 즐겁고 가장 빛나는 추억은 아르투로 토스카니니와의 우정과 관련된 것이다.

■ **마에스트로** 뛰어난 예술가나 전문가에 대한 경칭.

친구 푸치니와 토스카니니

8쪽

| 빈센트 반 고흐 |

인상파 화가인 고흐는 1853년에 태어나 1890년에 세상을 떠났어. 어릴 때부터 조용하고 고집스러운 성격이었다고 해. 늦은 나이에 그림을 시작했지만 누구보다 왕성하게 그림을 그려 스케치와 유화 등 2천여 점의 작품을 남겼단다. 동생 테오에게 보낸 고흐의 편지는 나중에 책으로도 출간되었어.

| 테오 반 고흐 |

고흐보다 4년 늦은 1857년에 태어난 테오는 형의 뒤를 따라 1891년에 세상을 떠났어. 고흐가 그만두었던 화랑에서 계속 일했고, 그림을 공부하는 고흐를 뒷바라지하며 화상으로서 실력을 쌓았단다. 1884년부터는 파리 지점에서 일하기 시작했지. 1886년에 고흐를 파리에 초대해 함께 지냈어. 이 때 고갱, 세잔, 툴루즈-로트렉, 쇠라 등 여러 화가들을 소개해 주며 고흐를 인상파 화가의 길로 이끌었단다.

22쪽

| 안토니 가우디 |

1852년에 태어나 교통사고로 1926년에 세상을 떠났어. 건축 학교에 다닐 때부터 문제를 일으킬 정도로 기존의 고정 관념에 얽매이지 않고 자유롭고 독창적으로 작업을 해 왔지. 어디에서 영향을 받았는지 알 수 없는 가우디의 낯선 건축 세계를 처음 접한 사람들은 가우디의 건축을 비판했지만 세월이 흐르면서 근대 건축가들은 좋은 평가를 내리고 있어.

| 에우세비 구엘 바시갈루피 |

1846년 바르셀로나에서 태어난 구엘은 1918년에 세상을 떠났어. 벽돌 제조 산업을 비롯해 다양한 사업으로 성공한 구엘은 1878년 파리의 세계 박람회에서 가우디가 설계한 진열장을 보고 깊은 인상을 받았단다. 이때부터 가우디와 인연을 맺고 친구이자 사업가로서 가우디의 건축 세계를 지지하고 후원해 주었지. 1908년에는 백작의 지위를 받았단다.

| 한스 숄 |

1918년에 태어나 1943년에 목숨을 잃었어. 히틀러 청소년단을 떠난 뒤, 마음이 맞는 친구들과 청소년회를 조직했어. 히틀러 청소년단에서는 금지했던 시를 낭송하거나 자유롭게 노래를 불렀고, 여행을 하고 글을 쓰며 지냈단다. 대학에서도 친구들과 문학과 철학, 자유와 인권에 대해 이야기를 나누며 독재 정권을 비판했지. 이런 활동이 백장미단으로 활약하게 한 바탕이 된 게 아닐까 싶어.

| 조피 숄 |

어릴 때부터 강하고 야무진 아이였던 조피는 1921년에 태어나 한스와 같은 날 목숨을 잃었어. 시와 음악, 독서를 좋아하는 평범한 소녀로 생물학과 철학을 공부하러 뮌헨 대학에 들어갔어. 노동 봉사 중에 나치 정권이 죄 없는 사람들을 학살하는 일을 비판하는 신부의 설교를 듣고 많은 생각을 하게 되었단다. 결국 자신의 양심에 따라 한스와 함께 백장미단으로 활동했던 거야.

| 마리 퀴리 |

1867년 폴란드 바르샤바에서 오남매 중 막내로 태어났어. 언니와 서로의 학업을 도우며 소르본 대학에 입학했지. 소르본 대학에서 많은 남성들을 제치고 물리학 박사 학위를 우수한 성적으로 받았단다. 여성 과학자로 활약한 마리는 1934년 백혈병으로 세상을 떠났는데, 여성으로서는 처음으로 프랑스의 국립묘지 판테온에 묻혔단다.

| 이렌 졸리오-퀴리 |

1897년에 태어나 마리 퀴리처럼 방사선의 영향으로 1956년에 세상을 떠났어. 어렸을 때에는 할아버지인 외젠 퀴리가 책을 읽어주거나 식물이나 동물, 광물 등 다양한 지식을 익힐 수 있도록 돌봐주었다고 해. 라듐 연구소에서 만난 프레데릭 졸리오와 결혼하면서 서로를 존중하는 의미로 '졸리오-퀴리'라는 성을 쓰게 되었단다. 이렌 부부의 딸 엘렌 랑주뱅-졸리오도 과학자의 길을 걸었는데, 엘렌의 두 아들도 과학자의 길을 택했지.

| 소크라테스 |

정확하지는 않지만 기원전 469년에서 470년쯤 아테네에서 태어났고, 기원전 399년에 독약을 마시고 세상을 떠났어. 몸집이 작고, 외모도 투박한 데다가 옷차림도 허름했지만 계층을 가리지 않고 많은 사람들과 철학적인 토론을 즐겼어. 플라톤 말고도 많은 제자들을 길렀지만 가르침의 대가로 돈을 받지는 않았지. 직접 남긴 책은 없지만 제자들이 펴낸 여러 책에서 소크라테스의 철학과 평소 모습을 엿볼 수 있단다.

| 플라톤 |

기원전 427년 귀족 가문에서 태어나 정치가를 꿈꾸다가 소크라테스를 만나 제자가 되었어. 소크라테스가 죽은 뒤에는 홀로 철학을 공부하다가 아카데미아를 열어 제자들을 가르쳤는데, 바로 이들이 '플라톤 학파'라고 불리지. 플라톤은 자신의 철학을 담아 《대화》,《국가》,《정치가》,《법률》 등 여러 책을 남기고 기원전 347년에 세상을 떠났어.

| 요한 볼프강 폰 괴테 |

1749년에 태어나 1832년 세상을 떠났어. 아버지의 바람대로 독일 라이프치히 대학에서 법률을 공부한 뒤 변호사가 되었지만 여러 작가들과 교류하고, 많은 책을 읽고 글을 쓰면서 문학을 포기하지 않았지. 첫 소설을 낸 뒤 바이마르에서 정치 생활을 오래 하기도 했어. 그러다가 3년 정도 이탈리아를 여행했는데 이때 많은 것을 느끼고 체험했단다. 이후 실러와 만나 왕성하게 글을 쓰며 평생을 보냈어.

| 프리드리히 폰 실러 |

1759년에 태어난 실러는 사관 학교를 다니면서 작가를 꿈꾸었어. 처음 발표한 작품 때문에 고향을 떠나 가난하게 지내야 했지만 열심히 희곡을 썼단다. 1787년 바이마르로 이주하면서 여러 문인들을 만나 친구가 되었고, 역사와 문학, 철학 등에 몰두하게 되었어. 이후 괴테와 함께 글을 쓰고 여러 작품을 발표하다가 1805년 급성 폐렴으로 세상을 떠났단다.

| 조지 6세(앨버트) |

1895년에 태어나 1952년 세상을 떠났어. 요크 공작 시절부터 아버지를 대신해 여러 공장이나 광산 등을 살피며 왕실의 임무를 수행했단다. 왕위에 오른 뒤 제2차 세계 대전이 벌어지자 거의 매일같이 폭격 당하던 런던을 떠나지 않았고, 폭격 당한 지역을 방문해 국민들을 위로했어. 전쟁에서 승리하던 날 영국 국민들이 버킹엄 궁전 앞에서 '우리에게는 왕이 필요하다'고 외쳤다고 하지.

| 라이오넬 로그 |

1880년에 호주에서 태어난 로그는 일찍부터 발성법이나 웅변술에 관심을 갖고 대학에서 음악을 공부한 뒤, 발성법과 웅변술 등을 가르치는 학원도 차렸지. 제1차 세계 대전이 끝나자 전쟁 때문에 언어 장애를 겪는 사람들을 치료하기 시작했단다. 1926년에는 영국에 언어 치료 시설을 차렸고, 여기에서 조지 6세를 만났지. 조지 6세가 왕이 된 후에도 연설을 도왔던 로그는 1953년에 세상을 떠났어.

| 칼 마르크스 |

1818년 독일에서 정치적, 경제적으로 가장 발전했다는 도시에서 유대인 집안의 일곱 남매 중 첫째로 태어났어. 인류에 기여하는 일을 하고 싶었던 마르크스는 사회 문제에 관심을 갖고 글을 썼단다. 결혼 후 프랑스 파리에 머무르는 동안 여러 노동자와 사상가를 만나며 엥겔스와 함께 글을 쓰기 시작했어. 이때 발표한 글이 마르크스를 유명한 사상가로 만들었지. 아내와 첫째 딸을 병으로 먼저 잃은 뒤 1883년에 세상을 떠났단다.

| 프리드리히 엥겔스 |

1820년에 태어나 1895년 세상을 떠났어. 방직 공장을 운영하는 가업 때문에 학교를 그만두고 일찍부터 회사 일을 배워야 했지만 틈틈이 역사, 철학, 문학 등을 공부했단다. 일을 더 배우기 위해 영국으로 갔다가 노동 운동을 목격했고, 이후 마르크스와 함께 글을 쓰고 책을 펴내며 세상을 바꿀 새로운 사상을 널리 알리려고 노력하며 평생을 보냈어.

| 이사벨 1세 |

1451년 카스티야에서 태어났어. 공주였지만 왕이 된 엔리케가 이사벨 가족을 유배 보내서 가난하고 고된 생활을 해야 했지. 다행히 왕실에서 학자를 보내 공부는 할 수 있었다고 해. 지식과 지혜를 기른 이사벨은 왕궁으로 돌아가서도 현명하게 대처하며 결혼도 스스로 선택했단다. 네 나라로 갈라져 있던 이베리아 반도의 통일을 이끌었고, 이후 콜럼버스를 후원하며 부단히 영향력을 넓히다가 1504년에 세상을 떠났지.

| 페르난도 2세 |

1452년에 아라곤의 왕자로 태어나 1516년 세상을 떠났어. 이사벨의 청혼을 받아들여 함께 카스티야와 아라곤의 연합 왕국을 이끌었지. 이사벨을 동등한 왕으로 존중하며 백성들을 돌보았고, 나라를 강하게 만들었단다. 이사벨과 함께 이베리아 반도의 네 나라 중 하나인 그라나다 왕국을 공격해 오늘날의 스페인이 탄생하는 데 기여했어.

| 갈릴레오 갈릴레이 |

1564년 이탈리아에서 피사에서 태어나 1642년 세상을 떠났어. 피사 대학에서 공부한 뒤, 교수가 되어 천문학과 수학을 가르쳤어. 끊임없이 연구를 하고 발명을 하는 발명가이자 물리학자이기도 했단다. 지동설에 대해 쓴 책 때문에 종교 재판에 휘말리기도 했지. 갈릴레오가 세상을 떠나고 400년 가까이 되어서야 교황은 당시의 재판이 잘못되었다며 갈릴레오의 무죄를 인정했단다.

| 마리아 첼레스테 갈릴레이 |

갈릴레오의 첫째 딸로 1600년에 태어나 수녀원에 들어가면서 새로운 이름을 얻었단다. 이후 갈릴레오와 편지를 주고받았는데 갈릴레오에게 받은 편지는 불에 타서 남겨지지 않았지만 마리아가 보낸 편지가 수백 통 남아 있어 둘의 이야기가 알려졌지. 가난하지만 성실하게 살다가 1634년 병으로 세상을 떠났어. 갈릴레오가 세상을 떠났을 때, 함께 피렌체의 대성당에 묻혔단다.

| 스콧 니어링 |

1883년 미국의 탄광 마을에서 여섯 남매 중 첫째로 태어났어. 대학에 들어가 법, 경제, 사회 과학 등을 차례로 공부했어. 더 나은 사회를 만들기 위해 노력했지만 당시에는 받아들여지지 않았지. 결국 헬렌과 함께 시골에서 자급자족하는 삶을 선택했어. 꼭 백 살이 되던 1983년에 자연의 섭리를 받아들여 세상을 떠났어.

| 헬렌 니어링 |

1904년에 미국에서 태어나 자연과 예술을 사랑하는 집안에서 어린 시절을 보냈단다. 곳곳을 돌아다니며 바이올린을 연주하고 명상에 대해 공부하다가 스물네 살에 스콧을 만났지. 두 사람은 시골에 집을 짓고, 농장을 일구었고, 책과 음악을 즐기며 살았어. 다른 사람들에게 도움이 되기를 바라며 책도 펴냈지. 스콧이 세상을 떠난 후에도 신념대로 생활하다가 1995년 92세에 세상을 떠났단다.

| 지아코모 푸치니 |

1858년 이탈리아에서 태어났어. 아버지가 일찍 세상을 떠나 가난했지만 오페라 작곡가를 꿈꿨단다. 우여곡절 끝에 여왕의 후원으로 음악원에 들어가 꿈을 이룰 수 있었지. 인기를 얻으면서 〈서부의 처녀〉, 〈나비 부인〉, 〈투란도트〉 등 이국적이고 흥미로운 작품들도 작곡했단다. 미완성이었던 오페라 〈투란도트〉의 첫 공연을 토스카니니에게 부탁하고 1924년에 세상을 떠났어.

| 아르투로 토스카니니 |

1867년에 태어나 1957년에 세상을 떠났어. 이탈리아 통일 운동에 앞장섰던 아버지를 닮아 강직한 성품이었다고 해. 지휘를 할 때에도 가장 정확한 연주에 아름다움이 있다고 믿었고, 완벽한 공연을 위해 조명, 미술, 분장에도 신경을 썼고, 공연 중에는 출입을 금하거나 모자를 벗는 등의 예의를 관객들이 지키도록 했어.

✠ 참고 문헌

《반 고흐, 영혼의 편지》 빈센트 반 고흐 지음, 신성림 옮기고 엮음, 예담, 2000

《인상파와 함께 걷는 달콤한 유럽여행》 홍지윤·홍수연 지음, 랜덤하우스 코리아, 2009

《어린이를 위한 반 고흐》 실비아 뤼티만 지음, 노성두 옮김, 다섯수레, 2009

반 고흐 갤러리 사이트 The Vincent van Gogh Gallery(http://www.vggallery.com)

《신은 서두르지 않는다, 가우디》 김용대 지음, 미진사, 2012

《어머니 품을 설계한 건축가 가우디》 하이스 반 헨스베르헌 지음, 양성혜 옮김, 현암사, 2002

《가우디, 공간의 환상》 안토니오 가우디, 이종석 옮김, 다빈치, 2001

《가우디: 예언자적 건축가》 필립 티에보 지음, 김주경 옮김, 시공사, 2006

《자연과 꿈을 빚은 건축가, 가우디》 김문태 지음, 뜨인돌어린이, 2006

《아무도 미워하지 않는 자의 죽음》 잉게 숄 지음, 유미영 옮김, 푸른나무, 2003

《조피 숄 평전》 바바라 라이스너 지음, 최대희 옮김, 강, 2005

《퀴리 부인이 딸에게 들려주는 과학 이야기》 마리 퀴리 지음, 이자벨 슈반느 엮음, 최연순 옮김, 자음과 모음, 2004

《세계 명문가의 자녀교육》 최효찬 지음, 예담, 2006

《마리 퀴리와 이렌 퀴리》 시모나 체라토 지음, 이승수 옮김, 비룡소, 2011

《아름답고 평등한 퀴리 부부》 에브 퀴리 지음, 장진영 옮김, 동서고금, 2000

《마담 퀴리》 에브 퀴리 지음, 조경희 옮김, 이룸, 2006

《소크라테스의 변명》 플라톤 지음, 문예출판사, 1999

《The Last Days of Socrates》 Plato, Benjamin Jowett, CreateSpace, 2013

《괴테 자서전》 요한 볼프강 폰 괴테 지음, 전영애·최민숙 옮김, 민음사, 2009

《킹스 스피치》 마크 로그·피터 콘라디 지음, 유향란 옮김, 스크린셀러, 2011

《마르크스 평전》 프랜시스 윈 지음, 정영목 옮김, 푸른숲, 2001

《한 권으로 보는 마르크스》 조너선 울프 지음, 김경수 옮김, 책과함께, 2005
《청년이여, 마르크스를 읽자 : 마르크스에게서 20대의 열정을 배우다》 우치다 타츠루·이시카와 야스히로 지음, 김경원 옮김, 갈라파고스, 2011
《엥겔스 평전 : 프록코트를 입은 공산주의자》 트리스트럼 헌트 지음, 이광일 옮김, 글항아리 2010
《자본론》 칼 마르크스 지음, 김수행 옮김, 비봉출판사, 2001
《여왕의 시대》 바이하이진 엮음, 김문주 옮김, 미래의 창, 2013
《이사벨 여왕》 캐롤린 메이어 지음, 이나경 옮김, 문학사상사, 2005
《갈릴레오의 딸》 데이바 소벨 지음, 홍현숙 옮김, 웅진지식하우스, 2012
《Galileo's daughter》 Dava Sobel, Penguin, 2000
《조화로운 삶》 헬렌 니어링·스콧 니어링 지음, 류시화 옮김, 보리, 2000
《아름다운 삶, 사랑 그리고 마무리》 헬렌 니어링 지음, 이석태 옮김, 보리, 1997
《스콧 니어링 자서전》 스콧 니어링 지음, 김라합 옮김, 실천문학사, 2000
《토스카니니》 이덕희 지음, 을유문화사, 2004
《노래극의 연금술사 자코모 푸치니의 삶과 음악》 오해수 지음, 예솔, 2013

✠ 사진 자료

이 책에 실은 대부분의 도판은 위키커먼스를 통해 찾았습니다. 자료의 출처와 저작권자를 미처 찾지 못해 허가를 받지 못한 일부 도판은 저작권자가 확인되는 대로 정식 절차를 통해 허가를 받고 통상의 사용료를 지불하겠습니다.

세계사 속 두 사람 이야기 서양편
말더듬이 왕과 언어 치료사

1판 1쇄 2014년 4월 30일
1판 4쇄 2017년 1월 9일

글 아작
그림 이영림

디자인 매핑_이소영
종이 세종페이퍼

펴낸곳 (주)도서출판 책과함께
주소 서울시 마포구 동교로70 소와소빌딩 2층
전화 02-335-1984   **팩스** 02-335-1316
전자우편 prpub@hanmail.net   **블로그** blog.naver.com/prpub
등록 2003년 4월 3일 제25100-2003-392호

- 이 책의 저작권은 지은이 아작과 그린이 이영림, (주)도서출판 책과함께에 있습니다.
- 이 책의 내용을 이용하려면 저작권자와 출판사에게 모두 서면동의를 받아야 합니다.

잘못된 책은 구입하신 서점에서 바꾸어 드립니다.

이 도서의 국립중앙도서관 출판시도서목록(CIP)은 서지정보유통지원시스템 홈페이지(http://seoji.nl.go.kr)와 국가자료공동목록시스템(http://www.nl.go.kr/kolisnet)에서 이용하실 수 있습니다. (CIP제어번호 : CIP2014012093)

ISBN 978-89-97735-37-2 73900